聪明妈妈的
技能教养法

CONGMING MAMA
DEJINENG
JIAOYANGFA

风信子
著

天津出版传媒集团

天津科学技术出版社

图书在版编目（CIP）数据

聪明妈妈的技能教养法 / 风信子著. -- 天津：天津科学技术出版社，2019.10
ISBN 978-7-5576-6274-5
Ⅰ.①聪… Ⅱ.①风… Ⅲ.①家庭教育 Ⅳ.①G78
中国版本图书馆CIP数据核字(2019)第069350号

聪明妈妈的技能教养法
CONGMING MAMA DE JINENG JIAOYANGFA
责任编辑：布亚楠

出　　版：	天津出版传媒集团
	天津科学技术出版社
地　　址：	天津市西康路35号
邮　　编：	300051
电　　话：	(022)23332695
网　　址：	www.tjkjcbs.com.cn
发　　行：	新华书店经销
印　　刷：	凯德印刷（天津）有限公司

开本 880×1230　1/32　印张 7　字数 116 000
2019年10月第1版第1次印刷
定价：42.00元

前言

教养孩子是世界上最困难也是最光辉的事情,孩子的每一次成长、每一次欢笑、每一次流泪、每一次受伤……都会牵动你的心弦,让你久久不能忘怀。

对你来说,自己的孩子不管多么淘气、多么调皮、多么不听话,都永远是你心中的小天使,在你的心中不可替代。但是,孩子若总依赖你的照顾,就无法成长,就像小鹰在鹰妈妈的羽翼下无法学会飞翔。因此,你要关注孩子的能力培养,让孩子有勇气、有能力去面对生活中的挑战。

你的孩子做事冲动吗?你的孩子经常乱发脾气吗?你的孩子是路痴吗?你的孩子胆小吗?你的孩子是否有一颗易碎的"玻璃心"?你的孩子学习时是否粗心大意?你的孩子是个"小霸王"吗?你的孩子懂得防范陌生人吗?你的孩子花钱大手大脚吗?……

孩子在成长过程中会遇到各种各样的挑战，出现各式各样的问题。虽然很多人都致力于帮助孩子消除问题，但是有的父母由于方法不当，导致问题愈演愈烈。其实，孩子每一个问题的背后都有一个需要学习的技能，当孩子掌握了这个技能后，他的问题自然就会消失。把孩子出现的问题转变为要学习的技能，这就是技能教养法的根本理念。

虽然现在父母接触到的信息、资源比以往都多，对孩子的教育也更为重视，但是孩子在成长过程中出现的问题也与日俱增，甚至有些孩子成了他人眼中的"熊孩子""问题儿童"。但请你相信，孩子的可塑性是很强的，只要你教养得好，过不了多久，"熊孩子"就会变成"乖孩子"。

当孩子在生活、学习中出现了这样那样的问题后，你不要一味地批评、指责孩子，而应该帮助孩子寻求解决问题的方法，让孩子掌握纠正错误行为的技能。这样，孩子的错误行为自然会消失于无形。

而且，孩子一旦掌握了某种技能，就可以积极主动地远离错误的行为方式，自愿选择正确的做法，这也是技能教养法的优势所在。

如果你的孩子出现了问题但屡教不改、错上加错，请你不要觉得孩子是在故意跟你作对,其实,这是因为孩子没有掌握改正错误、脱离困境的技能。如果孩子掌握了这些改正错误的技能,孩子自然会知错就改。

本书致力于让孩子掌握自我管理技能、生活技能、做事技能、抗挫技能、学习技能、社交技能、安全技能、理财技能这八大技能,详细分析孩子在日常生活、学习中出现的问题,帮助你有针对性地培养孩子的技能,让孩子在正面、积极的教育中更好地成长。

如果你的孩子曾经出现过这些问题,或者现在就存在这些问题,那么通过本书,你能更有效地帮助孩子找到正确的方法,避免此类问题再次出现;如果你的孩子尚未出现这些问题,那么本书可以帮助你防患于未然,让孩子做得更好。

也许你并不是教育专家,但是相信你读过了本书后,在教养孩子方面会提高很多,成为孩子眼中的好妈妈,他人眼中的优秀家长。

目录

第一章 自我管理技能是孩子独立成长的开始

学会冷静,别让孩子成为冲动的"小魔鬼" // 002

正确宣泄,跟乱发脾气说"再见" // 005

延迟满足,磨炼孩子的耐性 // 009

守规矩,摘掉"熊孩子"的标签 // 013

一言不合就开打,要约束孩子的攻击行为 // 017

不拖拉,治好孩子的拖延症 // 021

不再沉迷于游戏,告别"手机争夺战" // 025

第二章 自食其力,学习生活技能要从娃娃抓起

清晨第一战——起床之战 // 030

吃饭穿衣,自己的事情自己做 // 033

整理物品,培养小小"收纳王" // 037

洗刷刷,争当"卫生小标兵" // 041

家务分担,让懒孩子变成勤孩子 // 045

教孩子认路,别让孩子成路痴 // 049

第三章 心动不如行动,做好事情有技巧

不做守株待兔的孩子 // 054

设置合理的目标 // 057

有条不紊,计划先行 // 061

要事第一,不能眉毛胡子一把抓 // 065

孩子要学会随机应变 // 069

告别三分钟热度,为孩子的坚持点赞 // 073

第四章 面对负面情绪,教会孩子这些抗挫技能

有畏难情绪?教孩子战胜困难 // 078

不敢承担责任?让孩子为自己的错误埋单 // 082

输不起?让孩子学会败不馁 // 086

胆子小?做个勇敢的孩子 // 090

害怕被拒绝?不做"玻璃心"的孩子 // 094

太委屈?别让孩子成为受气包 // 098

第五章 寓教于乐,好成绩得益于良好的学习技能

好学不如乐学,让孩子爱上学习 // 104

陪孩子一起思考"为什么" // 108

开启头脑风暴,鼓励孩子"异想天开" // 112

找到粗心点，不做马大哈 // 116

磨刀不误砍柴工，学习方法是一把锋利的斧头 // 120

学会总结，建立学习"检修站" // 124

不要让孩子输在考试心态上 // 128

第六章 扩展朋友圈，良好的社交技能让孩子一生受益

神奇的社交礼貌用语 // 132

太害羞？创造孩子与别人交往的机会 // 136

尊重、接纳同伴，不当"小霸王" // 140

让孩子感受"一起"的力量 // 144

得到很快乐，分享更快乐 // 147

信守承诺，但不轻易许诺 // 151

第七章 珍爱生命，让孩子学会自我保护的安全技能

家居安全：设立安全区，不做危险事 // 156

游戏安全：遵守游戏规则，不玩危险游戏 // 160

陌生人防范：不轻信陌生人 // 164

隐私保护：识别危险信号，保护身体隐私 // 169

交通安全：学习交通标志，遵守交通规则 // 173

公共场所安全：走丢不慌张，"制服"来帮忙 // 177

突发事件：不逞英雄先自保，求助大人来帮忙 // 181

第八章 提高孩子的理财技能，培养小小理财家

不挥霍，不拜金，培养孩子正确的金钱观 // 186

学会选择，分清"想要"与"需要" // 190

理性消费，买"对"的，不买"贵"的 // 194

准备记账本，让孩子独自管理零花钱 // 198

走出家门，体验赚钱的艰辛 // 202

给孩子开个账户，小小储蓄乐趣多 // 206

后记 210

第一章
自我管理技能是孩子独立成长的开始

做事太冲动、经常发脾气、没有耐性、不守规矩、爱攻击他人、沉迷于游戏……这些都是自控能力差的表现。当今的孩子面临着很多诱惑，父母无法时时刻刻都陪在孩子身边，因此，缺乏自我管理能力的孩子就很容易迷失。你要注重培养孩子自我管理的技能，让孩子学会控制自己的情绪与行为。自我管理是孩子独立成长的标志，也是孩子走向成功的必备技能。

学会冷静，别让孩子成为冲动的"小魔鬼"

问题大本营

我的儿子很独立，日常起居，诸如穿衣、刷牙等都是他自己搞定，学习也从来不用我们操心，为此，我们很骄傲。然而，儿子有一个坏习惯让我们不知所措：一遇到不顺心的事，他就马上变身"小魔鬼"，冲动急躁。我和他爸爸劝说过很多次，但是一直没什么效果。我该怎么帮助他改正这个坏习惯呢？

对孩子来说，冲动就犹如一根未点燃的火柴，一不小心擦出了火花，产生的能量既伤人又伤己。因此，你应该帮助孩子缓解急躁的情绪，让他学会自我控制的技能。

➡ 技能训练课

孩子做事冲动，是情绪控制力低的表现。对这样的孩子，你要培养他的自控技能,帮助他提高自我管理的能力。

第一课:自我反思

面对冲动的孩子,你可以采用"三问法",引导他学会反思,让他给自己的情绪降降温。

所谓"三问",即"这样做对吗?这样做值得吗?还有没有其他的解决办法呢?"如果孩子在做事之前能够先自我反省,他就会对自己的行为有较为清楚的认识,从而避免冲动带来的坏结果。

第二课:口诀练习

如果"三问法"无法平息孩子冲动、焦躁的情绪,你还可以让孩子学习口诀,让孩子的情绪随着念出的口诀逐渐恢复平静。常见的口诀如下。

(1)"我三分钟后再决定"

不要小看这三分钟,它在很大程度上可以帮助孩子恢复理智。当然,年龄小的孩子会觉得三分钟太长,那么你可以将"三分钟"改成"两分钟"或"一分钟",或者直接让孩子数数计时,即将口诀改为"我从1数到60再决定"。对孩子来说,数数计时的方式更容易掌控,也更有趣。

(2)"世界如此美好,我却如此冲动,这样不好"

在孩子尝试平复自己心情的过程中,你也可以让这个过程充满趣味,帮助孩子调节情绪,如教孩子默念"世界如此美好,我却如此冲动,这样不好"。孩子默念两三遍后,你会发现原本气急败坏的孩子又喜笑颜开了。

当然，你也可以和孩子一起设计口诀，让口诀更富有意义，充满趣味。

➡ 成果验收站

现在，请你为孩子创设一些情景，让他进行"实战演练"吧！

创设情景：

◎ 妈妈："你在超市看中了一件玩具，你很喜欢，但是我们不给你买，你会怎么做呢？"

◎ 妈妈："要吃晚饭时，你发现餐桌上没有你喜欢吃的菜，你还会按照一贯的做法把碗扔下，离开餐桌吗？"

每个孩子对待不同事情的做法是不一样的，你可以根据孩子的具体行为设置问题，为孩子今后可能出现的问题做好准备。

教养小贴士

> 有时候，很多成年人都无法控制自己的情绪，更何况是孩子呢！孩子做事冲动、不计后果是很普遍的现象。面对孩子的冲动行为，你不应呵斥、打骂，而应该保持正确的态度，采用合适的方法纠正孩子的不良行为，并帮助孩子学会控制自己的情绪与行为。

正确宣泄，跟乱发脾气说"再见"

问题大本营

我的儿子今年8岁了，随着年龄的增长，他越来越俊俏，但脾气越来越大，经常动不动就冲人发脾气。而且，往往很小的一件事都能让他火冒三丈。比如，早上赖床导致上学迟到，他会埋怨我没有早点叫他；积木搭到一半突然倒了，他会大吵大闹；考试成绩差，他就在试卷上乱画……孩子总因为这些小事发脾气，我该怎么教育他呢？

发脾气本身就是一种负能量。孩子在发脾气时是处于失控状态的，他很可能因为无法控制自己的情绪与行为而做出伤害他人也令自己懊悔的事情。而且，当孩子发脾气时，他的四周就会自动形成一个防护罩，将父母的话隔离开，导致沟通不畅。因此，你要帮助孩子学会控制自己的脾气，不要让暴脾气影响孩子的一生。

➡ 技能训练课

孩子不听管教，爱发脾气，你不应"以暴制暴"，批评指责孩子，否则只会得到孩子"我不听，我不听"的抗议。你应该教会孩子控制自己的脾气，约束自己的行为。

第一课：找出抓狂点

明明很小的一件事，却让孩子火冒三丈，这不仅让很多父母感到不解，就连孩子自己也说不出个所以然来。因此，对于随时会"爆炸"的孩子，你首先要引导他找出自己的"抓狂点"，即哪些事会让他们生气、发脾气，并让孩子把这些事项列成清单写下来。

"吃饭时没有自己喜欢吃的菜""作业太多""在比赛中输了"……当孩子写下会让自己发脾气的事情后，你要给予足够的重视，不要因为这些事无关紧要就产生一种"这不算什么"的想法。

第二课：预估后果

孩子发脾气的主要原因是感觉很糟糕，你要让孩子认识到"感觉"与"行为"的不同：有愤怒、不满的感觉是可以的，但是胡乱发脾气的行为是不对的。为了让孩子懂得自己不能胡乱发脾气，你可以与孩子一起预估发脾气的后果，即根据清单上的内容写出发脾气之后的结果。比如：

吃饭时没有自己喜欢吃的菜—生气不吃—自己饿肚子，让妈妈伤心；

作业太多—生气，不好好做作业—自己心情不好，作业质量差，老师不满意；

在比赛中输了—对好朋友发脾气—失去好朋友。

一旦孩子认识到发脾气是得不偿失的，他就会主动地控制自己的脾气。

第三课：正确地发脾气

控制脾气并不等于压抑脾气，如果孩子将所有的消极情绪都自己承受，他就会像是充满气的气球，一旦超出自己的承受能力就会瞬间爆炸。因此，你要教孩子正确地发脾气，帮助孩子用正确的方式表达自己的情绪。常用的方法有以下几种。

（1）冷静法

当孩子发脾气或者要发脾气时，你可以将孩子带离原来的地方，让孩子自己静一静。

（2）平静表达法

对于表现欲望较强的孩子，你可以让他将事情的经过画出来或者写出来，也可以让孩子用语言描述出来。

（3）"暴力"抒发法

当孩子怒上心头时，父母的话，对孩子来说，就像是唐僧给孙悟空念的紧箍咒，只会让他更心烦、更生气。此时，你不妨让孩子通过"暴力行为"发泄自己的不良情绪，如打枕头、打沙袋等。

（4）运动释放法

运动是消除不良情绪的有效方式，所以当孩子怒气冲冲时，你可以带领孩子一起做运动，如跑步、跳绳、爬山等，以帮助孩子释放消极情绪。当然，为了让孩子的心情变得更好，你也可以让运动更有趣，比如跑步时玩接力、跳绳时玩花样跳绳等。

➡ 成果验收站

让孩子将下列事项分别填到下面的横线上。

（1）冲朋友发火

（2）故意摔东西

（3）去自己的房间静静

（4）跟爸爸妈妈去跑步

（5）大吼大叫

（6）直接说出来

可以做的事情：_____

不可以做的事情：_____

教养·小贴士

你要知道，让孩子控制自己的脾气不等于不让孩子发脾气，而是要让孩子以正确的方式发脾气。孩子只有学会控制和管理自己的坏情绪，不随便发脾气，才能更好地成长。

延迟满足，磨炼孩子的耐性

问题大本营

我的女儿很没有耐性，逛商场时看到自己喜欢的东西就想立刻买，桌子上有自己喜欢的零食就想马上吃，让她稍微等一会儿都不行。比如昨天，我们去逛玩具店，她看上了一个冰雪奇缘水晶球，我跟她说下次再买，或者明天再来买，但她就是不依不饶地非得当时买，甚至直接坐在了地上，引得路人围观。没办法，我当时只能买给她了。可是，下次再遇到类似的情况我该怎么办呢？她已经7岁了，应该学会忍耐了啊。

孩子没耐性，不想等待，想要及时获得满足，这是缺乏自控能力的表现。如果你对孩子有求必应，即刻满足孩子的要求，孩子就很容易养成急躁的性格，觉得一切都是理所当然的，进而会变得不懂珍惜、不懂感恩。这不利于孩子的长远发展。因此，你要培养孩子延迟满足的能力，让孩子学会等待。

➡ 技能训练课

培养孩子的能力并不是一蹴而就的，你需要进行长期的教导。因此，在平时的生活中，你应注重延迟满足孩子，磨炼孩子的耐性。

第一课：等待不等于不做

大多数孩子都不明白等待意味着什么。在有些孩子的心中，等待就是不买，因此，即使你明确地告诉孩子"明天再买"或者"下次肯定买"，孩子也是会坚持自己的想法，认为"让我等待就是不给买"。

因此，你要先让孩子明白等待的真正含义。可以通过讲故事、说生活实例的方式帮助孩子理解，如，你可以对孩子说："等公交的时候要排队。上车的时候，我们要等前面的人上完才能上。我们没有第一个冲上车，并不代表我们不坐这辆公交车，只是要等一等而已。同样的，今天不给你买并不代表以后也不买。"

第二课：等待训练

生活即教育。你可以将等待训练渗透到日常的各种小事中，让孩子逐渐学会等待。

例如，当孩子想要你帮忙拿书架上的小风扇时，你可以对孩子说："你先等一下，我把餐桌收拾好就给你拿。"当孩子想要买一个新玩具时，你可以对孩子说："等你生日的时候，我可以把这个当作生日礼物送给你。"当孩子想要玩公园里的秋千,但是秋千上有人时,你可以对孩子说:"公园里的秋千是属于大家的,你要等前一个人玩完了才可以玩。"

当然,你要为自己说的话负责,不要让孩子觉得你是为了拖延而故意找借口。

另外,当孩子很好地适应了这些情况后,你要及时表扬孩子,让孩子知道他的努力是值得夸奖的。在积极的暗示下,孩子自然就会更乐于接受挑战。

➡ 成果验收站

在你对孩子进行了一段时间的等待训练后,他有什么改变呢?请你让孩子试着想象下面的情景,并说说会怎么做吧!

◎妈妈:"在商店,你想要买冰淇淋,但你身体不舒服,我们承诺下次再买。"

◎妈妈:"你邀请好朋友到家里做客,孩子们都对新买的滑板感兴趣,都想玩,你想要第一个玩。"

你要知道,孩子的耐性是需要慢慢培养的,即使他此时的做法还达不到你的要求,不能让你满意,你也不要对孩子失望。你应教给他正确的做法,帮助他控制自己的情绪与行为,在日常生活中延迟满足孩子的需求。经过反复训练,你的孩子一定会变得更加出色。

教养·小贴士

　　让孩子掌握延迟满足的能力是十分重要的，但你要注意，不能不分情况地让孩子学习忍耐。如果孩子的要求十分紧急，你就要及时地满足孩子；而对于孩子无关紧要的要求，你可以让孩子练习等待。另外，一般来说，对于孩子的心理需求，你应该给予充分的满足，以培养孩子的安全感；而对于孩子的物质需求，你则可以根据实际情况选择是否要即刻满足。

守规矩，摘掉"熊孩子"的标签

> **问题大本营**
>
> 我的儿子今年已经6岁了，经常调皮捣蛋，不守规矩，简直就是"熊孩子"的代表。上周，我们一家人去看电影，在进入影院前，我们就告诉他"在电影播放时不要说话，也不要来回走，否则会影响别人，是不礼貌的"。为了让他积极地自我约束，我们还答应看完电影带他去吃冰淇淋。孩子本来答应得挺好的，可是电影刚播放10分钟，他就坐不住了，开始来回蹬腿，一会儿要上厕所，一会儿要吃爆米花，还让我们把游戏机拿给他。影院里的人纷纷向我们投来嫌弃的目光，没办法，我们只好提前离场了。

相信很多妈妈都有过类似的经历。面对孩子"天性使然"的不守规矩的行为，父母常常感到无可奈何。尽管你费尽了心思，可孩子不守规矩的行为依旧有增无减，甚至有愈演愈烈的趋势：在超市里随意触碰那些"不可触摸"的食物，在排队时胡乱插队，不听劝阻偷吃药品等。孩子不守规矩、任性妄为，很可能会闯下大祸，将自己及他人置于危险之中。因此，家长要帮助孩子学习守规矩，摘掉"熊孩子"的标签。

➡ 技能训练课

孩子不守规矩，总是做出出格的行为，是自控能力差的表现。"熊孩子"的父母不仅要为孩子的不当言行负责，还要时时承受他人的白眼。因此，让孩子懂得守规矩，学会控制自己的行为是十分必要的。

第一课：游戏体验

玩是最好的教育，孩子乐于参与其中。很多游戏中都蕴含着规则，你可以通过游戏让孩子认识到遵守规则的重要性。

比如，你可以与孩子玩"木头人"的游戏。在游戏开始前，你要把规则讲清楚。游戏时，一旦孩子没有控制好自己的动作，就会被淘汰。此时你要严格遵守规则，不要对孩子网开一面，以免让孩子产生"不遵守规则也有商量的余地"的想法。

当孩子认识到规则的重要性后，他就不会随意地触碰底线了。

第二课：榜样力量

对孩子来说，榜样的作用远比你的说教更有用。如果你发现孩子喜欢某个动画片中的人物或者有自己的偶像，你就可以陪孩子一起了解他们，并与孩子说说对这些人物的正面看法，如"小猪佩奇不会在吃饭时玩游戏，她会规规矩矩地坐在餐桌上吃饭""某某明星也是规规矩矩地排队过安检"。

第三课：制定规矩

当孩子开始产生要遵守规矩的想法时，你就要跟孩子一起制定规矩了。你千万不要觉得制定规矩很麻烦，根本没必要，遇到什么事告诉孩子应该怎么做就行了。对孩子来说，将要遵守的规矩写下来，会更有仪式感，也会更有意义。

在制定规矩时，你要帮助孩子尽量将每一条规矩细化，先从日常生活中的小事做起，如"去餐厅吃饭时不要用刀叉敲盘子""不要把玩具水枪对着人喷"等。为孩子设置一个低起点，他就更乐于挑战。在孩子遵守了一条条规则后，在积极的心理暗示下，他的自我控制能力便会逐渐得到提升。

➡ 成果验收站

现在，你跟孩子制定好要遵守的规矩了吗？请将你们的初步计划写下来吧。等过一段时间，你再回过头来看看这些规矩，对比下孩子的行为，看看他是否有进步。

教养小贴士

现在很多人推崇尊重、弘扬孩子的天性,于是就默许孩子不守规矩的调皮捣蛋行为。即使孩子犯了错,你也会成为他的"免责金牌"。这使得孩子的恶劣行为愈演愈烈。其实,尊重孩子的天性并不等于孩子可以毫无规矩。不要让错误的想法影响了孩子。培养孩子良好的自控能力,让他从"熊孩子"变成"乖孩子"吧!

一言不合就开打,要约束孩子的攻击行为

问题大本营

我的女儿乐乐5岁了,自从上幼儿园后,她一直都很乖,让我们很省心。但是最近一段时间,老师几乎每天给我打电话,说乐乐在幼儿园打其他的小朋友,老师去劝阻,往往也只是一时起作用,没过多久,乐乐又会出现攻击行为。我跟乐乐的爸爸在处理矛盾时都是和平解决的,从来不会动手。为什么乐乐学会了打人呢?我很担心乐乐这样的行为会让她失去好朋友,对她的心理发展不利,我该如何帮助乐乐改正这个坏行为呢?

孩子打人主要有两方面的原因。一是用打人来表达自己的情绪。由于语言表达能力有限,因此孩子无法准确地表达出自己的感情,便会通过打人这种方式传达不满、不同意等情感。二是守护自己的物品。随着孩子自我意识与主权意识的发展,他对自己的物品,甚至自

己喜欢的物品，都会产生归属意识。此时，如果孩子感到被侵犯，他就便会通过攻击他人的方式保护自己。不论出于何种原因，孩子打人都是不对的行为，因此，你要引导孩子改正这种行为。

➡ 技能训练课

能否控制自己的攻击行为，在很大程度上取决于孩子是否具有自我控制的能力。你要帮助孩子提高自控能力，让孩子学会控制自己的攻击行为，正确地表达自己的情绪。

第一课：情景重现

当孩子出现攻击行为时，你首先要让孩子认识到打人是不对的，而"情景重现"无疑是最有效的方式之一。

你可以将孩子攻击他人的事件完整地上演一遍，让孩子当老师或裁判，评判你的做法。此时，"被打的一方"也可以向孩子哭诉自己的委屈。在处理他人矛盾的过程中，孩子就会认识到自己打人的做法是不对的，并会主动控制自己的攻击行为。

第二课：表达训练

"不知道要怎么阻止他，所以就动手了。""不知道该怎么说，所以就打了他。"当你问孩子为什么打人时，孩子是不是这样回复你的呢？在大多数情况下，孩子打人往往是由于表达能力有限，因此，你应加强对孩子表达能力的训练，从而减少孩子的攻击行为。

当孩子面露不悦、愁眉不展时，你应鼓励孩子说出自己的感受；当孩子不知道如何表达时，你应该提醒孩子，如"你是不是很生气呢？""你为什么会生气呢？""如果再遇到这样的事，你会怎么做呢？"……让孩子逐渐试着用语言表达自己的感受。随着表达能力的提升，孩子的攻击行为自然就会减少。

第三课：冷处理培训

当孩子控制住自己的攻击行为，并将自己的想法很好地表达了出来，但是没有得到积极的反馈时，他依然有可能出现攻击行为。因此，你应该教导孩子学会冷处理的方式。

例如，当孩子想要买一个新书包而你不同意时，如果孩子试图用拳头表达愤怒、解决问题，则你不应满足孩子的需求，而应该告诉孩子："我希望你先冷静一下，然后我们再讨论这件事该如何处理。"等孩子足够平静后，你可以告诉他："打人是解决不了问题的。不论遇到什么事，如果你很生气，无法控制自己的情绪，甚至想要动手打人，那么你可以先走到一旁冷静下，等你平静之后再处理这件事。"

对孩子来说，学习冷处理的方式是有难度的，对此，你要有足够的耐心，在平时的生活中要为孩子树立好榜样。

➡ 成果验收站

约束孩子的攻击行为是一个漫长的过程，请你不要操之过急。现在，请你将孩子攻击他人的一件事记录下来，并在一个月以后让孩子思考：如果再遇到同样的事情会怎么做呢？

教养·小贴士

　　对于爱打人的孩子，你切记不能以暴制暴，而应该多跟孩子沟通交流，增强孩子的安全感。另外，你对孩子攻击行为的不在乎、纵容也会助长孩子的攻击行为，让孩子觉得自己有靠山，因而表现得无所畏惧。因此，当孩子出现攻击行为时，你要及时制止，对孩子的攻击行为做到零容忍，不要让孩子将打人变成自己的习惯性行为。

不拖拉，治好孩子的拖延症

问题大本营

我的儿子已经7岁了，但是他做事拖拖拉拉的习惯一直都没有改善。我们本以为随着孩子的成长，他做事也会渐渐快起来，没想到他还是一如既往地磨磨蹭蹭、拖拖拉拉。每次起床穿衣服，他都需要半个多小时的时间，上学迟到已是家常便饭；每次考试，答不完题已经成了常态；让他把自己的衣服叠起来，就几件衣服，他都得叠一个小时。类似这样的事情数不胜数，我经常催促他要快点，不要拖拖拉拉的，可是他嘴上说着"知道了"，行为却还是慢吞吞的，我真不知道要怎么教育他了。

相信很多人都有这样的苦恼：孩子做事磨磨蹭蹭，一点都不着急，不论你是晓之以理、动之以情，还是厉声呵斥、不断催促，孩子都充耳不闻、我行我素。在这个强调高效率的社会，拖拉会缠住孩子前进的双脚，对孩子今后的成长是十分不利的。因此，你要帮助孩子改掉做事拖拉的坏习惯，治好孩子的拖延症，让孩子逐渐养成高效做事的好习惯。

➡ 技能训练课

孩子做事拖拉磨蹭，主要是因为缺乏时间观念与自我控制能力薄弱，因此，你要让孩子认识到时间的价值，让孩子学会掌控自己的时间，进而纠正自己的拖拉行为。

第一课：故事引导

"一寸光阴一寸金，寸金难买寸光阴。"很多孩子虽然经常念叨珍惜时间的句子，但是他们的行为与之大相径庭。从根本上来说，这是因为孩子对时间的认识不深刻。因此，你要让孩子知道珍惜时间的重要性，使其不仅仅把珍惜时间放在口头上，也付诸行动中。

你可以搜集一些守时小故事，也可以搜集一些因为不遵守时间而造成重大损失的故事，通过口头讲述或者播放视频的方式让孩子了解守时的重要性。当孩子听完整个故事后，你可以让孩子说一说自己的感悟，并鼓励孩子将这个故事讲给别人听。

第二课：签订"合同"

你与孩子签订"合同"，可以增加孩子的仪式感，更好地约束孩子的行为。在与孩子签订"合同"时，你要注意以下两个方面。

（1）切合实际，具体可行

签"合同"的目的是约束孩子的行为，帮助孩子改正磨蹭拖拉的坏习惯，因此，"合同"中的内容要切合实际，是孩子通过努力可以达到的，而不是看起来很美好，实际上可望而不可即的。而且，"合同"中的内容要具体，比如"早上穿衣在10分钟以内完成""刷牙洗脸在10分钟以内完成，并保证不玩水"等。

另外，你要与孩子商定"合同"中的内容，在双方都同意的前提下再签字、执行。

（2）有奖有罚，不忽略，不纵容

在确定了"合同"中的具体内容后，奖惩措施也应该写到"合同"里，并尽量写得详细、具体，如"早上穿衣在10分钟以内完成。如完成，晚饭前看电视的时间可以增加10分钟；如未完成，晚饭前看电视的时间则要减少10分钟"等，这样，孩子就有了纠正自己坏习惯的动力。

当然，你要做好"合同"的执行者与监督者。当孩子很好地完成了自己的任务后，你要给予孩子相应的奖励，不应忽略孩子的进步，更不应敷衍孩子；当孩子没有按时完成任务时，你也不应纵容，而应该坚决地给予孩子相应的惩罚，如不让孩子看电视，减少周末玩的时间等。

➡ 成果验收站

孩子的坏习惯不是一朝一夕就能养成的,更不是一朝一夕就可以改正的。现在,请你将孩子穿衣、洗漱、写作业等所用的时间写下来,在执行了"合同制"的一个月后,再通过对照来验收成果吧!

教养·小贴士

请你想一下:孩子正在屋子里写作业,突然听到客厅中传来悦耳的歌声,这时,孩子会怎么做呢?他当然会毫不犹豫地放下笔,朝客厅走去。要知道,孩子的注意力是很容易被其他事物吸引的。不能集中精力,孩子做事时自然就会磨蹭拖拉。因此,你要减少其他事物对孩子的干扰。当孩子在做一件事时,你要尽量为孩子提供一个安静的环境,不要打扰孩子。

不再沉迷于游戏，告别"手机争夺战"

问题大本营

我的儿子跟手机最亲了，每天放学后一进家门就找手机，玩游戏。一到周末，这种情况更严重。他一整天手机不离手：吃饭的时候玩游戏，聊天的时候玩游戏，甚至在睡觉前也要玩游戏。一旦我把手机拿走，他就大喊大叫，有时还会打我几下，非要把手机抢回去。不管我怎样苦口婆心地劝说，孩子都无动于衷，继续玩自己的游戏。最近，他的成绩有下滑的趋势，我真担心孩子继续这样下去会毁了自己。

你有没有这样的经历：在家庭聚会上，大人在交谈，孩子不再你追我赶地玩游戏，而是一人拿着一部手机玩游戏。随着智能手机的普及，玩游戏的人群越来越呈现出低龄化的趋势，而且，很多游戏在设计上也迎合孩子的喜好，新奇、刺激又没有太大难度的游戏让孩子欲罢不能。适当地玩游戏可以锻炼孩子的脑力，让孩子的大脑更灵活，但是沉迷于游戏，则会影响孩子的生活与学习，不利于孩子的健康成长。

➡ 技能训练课

孩子沉迷于游戏，无法抵抗诱惑，是自控能力差的体现。你要让孩子认识到沉迷于游戏的弊端，帮助孩子约束自己的行为。

第一课：谈收获，谈感悟

孩子喜欢玩游戏，这说明游戏会带给孩子满足感，可能是游戏的新鲜感与刺激感，可能是在游戏中获胜的喜悦感，也可能是身心放松的愉悦感。你要了解孩子对游戏的感受。在孩子玩完游戏后，你要让孩子谈一谈自己的收获与感悟。

当孩子真正有所收获、有所感悟时，你要肯定孩子，不要一味地对孩子说"玩游戏不好""玩游戏会让你的学习成绩下降"等令人扫兴的话，以免孩子产生抵触情绪；当孩子觉得毫无所获时，你也不要趁机打击孩子，而应该引导孩子，让孩子自己产生"玩游戏确实没有什么意义"的想法。

当然，即使孩子觉得玩游戏没有什么收获，偶尔玩一玩，也是很正常的，你不要对孩子玩游戏的行为过于紧张。

第二课：约法三章

在孩子玩游戏这个问题上，你可以与孩子约法三章，即约定孩子玩游戏的时间与条件，一旦孩子违反规则，就要承担违约责任。当然，你要与孩子共同制定要遵守的规则，因为孩子参与了规则的制定，自然就会更积极地完成约定。

第三课：发展兴趣爱好

孩子对游戏产生极大的兴趣，很可能是因为他感到无聊，因此用玩游戏的方式来消遣。既然如此，你不妨引导孩子发展自己的兴趣爱好，将孩子的注意力引导到积极的事情上去。

你可以对孩子说："当你想要玩游戏时，你可以做自己喜欢做的事情，比如画画、玩拼图、去野餐等。如果我们有时间，我们是很乐意跟你一起做的。"当孩子意识到自己可以做的有趣的事情有很多时，游戏对他就不再有那么大的吸引力了。当你对孩子说完这一番话后，或许孩子每次一想要玩游戏就会做一件自己喜欢的事情，如此一举两得，何乐而不为呢？

➡ 成果验收站

现在，请你与孩子共同想一想：哪些活动可以与游戏媲美，可以让孩子放弃玩游戏而投入其中？过一段时间后，请你对比下孩子花费在游戏上的时间与花费在这些活动上的时间，看看孩子取得的进步吧！

你不做手机控,多陪伴孩子,自然就会减少家庭中出现"手机争夺战"。我们都知道,孩子会有意无意地模仿你的行为,如果你总是玩游戏、看手机,孩子也会沉迷其中,无法自拔。因此,你要为孩子树立榜样,平时与孩子多沟通,了解孩子的内心感受,不要让游戏成为孩子逃避现实、满足自我的情感抒发站,而应该培养孩子的兴趣,让孩子的生活变得更加充实有趣。

第二章
自食其力，学习生活技能要从娃娃抓起

我们常常将"自己动手，丰衣足食"的口号挂在嘴边，也尽力按照这种方式来生活。但有些父母对孩子过于宠爱，事事包办代替，导致孩子没有具备应有的生活技能。看着集万千宠爱于一身的孩子变身"小皇帝""小公主"，你心中又十分不安，希望孩子可以自食其力。其实，良好的生活技能是在日常生活中一点一点培养出来的，你应鼓励孩子自己的事情自己做，让孩子拥有独立的意识与能力。

清晨第一战——起床之战

问题大本营

一到冬天,我的女儿就成了起床困难户。为了能多睡一会儿,她会找出千奇百怪的理由,如"外面太冷了,太阳公公还没有起床呢""床很喜欢我,不想让我离开"等。有时候,我也会让她多睡一会儿,但是再次叫她起床时她依旧睡眼蒙眬,上学迟到也成了家常便饭。叫孩子起床成了让我们十分头疼的一件事。有什么办法可以让孩子乖乖起床呢?

冬天一到,最考验父母的就是叫孩子起床的问题了,甚至有些家庭每天早上都会上演"起床之战"。其实,孩子赖床的主要原因是过于依赖父母。如果你将孩子起床这一任务交给孩子自己,父母不参与其中,很多孩子赖床的问题就会迎刃而解。

➡ **技能训练课**

不管是大人还是孩子,从熟睡到醒来都需要一个缓冲的过程。让孩子自己叫醒自己,用最舒服的方式在合适的时间起床,这无疑是最好的解决办法。

第一课:丁零零——闹钟叫醒

你可以教孩子自己设置闹钟,也可以将闹钟的时间设置好后放到孩子的床头,并在前一天晚上睡觉前告诉孩子,闹钟在第二天早上的某某时间会响,闹钟一响则预示着要起床了。

在设置闹钟时,最好设置两个叫醒闹钟,中间间隔3~5分钟。第一个闹钟的主要作用是叫醒孩子,此时孩子不一定会立即起床,给孩子一段缓冲的时间,让孩子慢慢适应起床;第二个闹钟的主要作用是不让孩子因睡回笼觉而睡过头,也是孩子要起床的信号。

第二课:起床喽——歌声叫醒

欢快的歌声会让孩子心情愉悦,减少孩子的"起床气",因此,你可以与孩子商量用歌声叫孩子起床。在前一天晚上,你与孩子可以将第二天早上的歌声定下来,并将闹钟的铃声替换成歌声,让孩子在自己喜欢的音乐声中高兴地起床。

第三课:跟我一起做运动——游戏叫醒

"小朋友,别磨蹭,快起床!伸伸胳膊蹬蹬腿,一二三!晃晃脑袋睁开眼,一二三!现在,请你坐起来准备穿衣服吧!抬起左臂……"试想一下,孩子听到这样的起床铃声,还会继续赖床吗?

你可以根据孩子爱玩游戏的这一特点，采用游戏叫醒的方式，让孩子伴随着游戏中的声音起床、穿衣服，甚至叠被子。

当然，你也可以让孩子录制属于自己的专属铃声，让孩子每天自己叫醒自己，是不是想想就觉得很有趣呢？

➡ **成果验收站**

现在，请你结合孩子的实际情况，为孩子订制属于自己的起床方式吧！一周后，请你对比一下：孩子早上赖床的问题有所改善吗？他还会因为不想起床而发脾气吗？

教养·小贴士

其实，有一种科学依据可以解释孩子赖床的问题。人体大脑底部的松果体可以分泌褪黑素，促进睡眠。但褪黑素的分泌与阳光有关，接触阳光会抑制褪黑素的分泌，使人保持觉醒；接触不到阳光时，褪黑素则开始分泌，让人产生睡不醒的感觉。因此，当孩子赖床时，请不要对孩子碎碎念，更不要冲孩子发火，给孩子一段缓冲的时间，让他慢慢适应觉醒的过程吧！

吃饭穿衣，自己的事情自己做

问题大本营

我的儿子太依赖我们了：吃饭的时候要我们把他喜欢吃的菜夹到他碗里，早上起床从来不自己穿衣服，甚至洗脸、刷牙也要我们在旁边伺候着，不然就不去。他现在已经6岁了，马上就要上小学了，生活自理能力这么差，我真担心他无法适应小学生活。我也知道应该多让孩子做事，可是每次我让孩子自己做事时，他总是做得很糟。前几天，我让他把自己的袜子洗干净，结果袜子没洗干净，卫生间地板上却弄得到处都是水、泡沫，我很无奈，只好帮他洗了袜子。但是以后再遇到类似的问题我要怎么做呢？我要怎样培养孩子的生活自理能力呢？

孩子依赖你，缺乏基本的生活自理能力，这是当前很多家庭中孩子的共同特点。相信很多人都与案例中那位妈妈有相同的经历,看到孩子做事情乱七八糟的场面时,总是忍不住帮孩子解决问题,导致孩子的生活自理能力难以得到培养。缺乏生活自理能力的孩子不仅会在日常生活中遭受挫折,还会渐渐滋生出自卑心理,觉得自己在其他方面不如别人,这会对孩子的身心发展造成不良的影响。因此,你要鼓励孩子自己的事情自己做,培养孩子的生活自理能力。

➡ 技能训练课

现在很多孩子在家里就是小少爷、小公主,事事都依赖你,衣来伸手,饭来张口,既没有独立做事的意识,又缺乏独立做事的能力。自己的事情自己做,这对孩子的身心健康成长是十分重要的。你要鼓励孩子独立做事,帮助孩子养成自己的事情自己做的好习惯。

第一课:"你长大了"

在很多人的眼中,孩子永远都长不大,永远都需要父母。父母的这种想法会潜移默化地影响孩子,会让孩子产生"我还小,需要依赖父母"的想法,所以他就没有形成独立做事的意识。因此,你首先要告诉孩子:"你长大了,自己的事情需要自己做了,不应该再依赖爸爸妈妈了。"

刚开始你说这句话的时候,孩子可能会不以为意。那也没关系,接下来,你可以让孩子一边做力所能及的事情,一边对孩子说这句话。当孩子真正接受了这句话,理解了你的意图后,他的独立性就会慢慢增强了。

第二课：让孩子体验做事乐趣多

在孩子自己做事时，你要鼓励孩子，让孩子体验到做事的乐趣，从而培养孩子做事的积极性。

例如，当孩子自己叠被子时，你可以教给孩子口诀："左看看，右瞧瞧。对折平，放旁边。"孩子一边念口诀一边叠被子，就会觉得叠被子是一件很有意思的事情。当孩子完成之后，你可以夸奖孩子："你真勤快，现在你的房间真整洁，看起来就像是公主的城堡。"

当然，你也可以给予孩子一些物质奖励，但不应过度，而应让孩子知道这些事是他本来就应该做的，因为做得很好所以才有奖励。

第三课：合作做事

受年龄的限制，有些事情孩子是无法独立完成的，需要你与孩子合作，共同完成。不要一味地要求孩子独立，让孩子做自己力所不能及的事情。你应告诉孩子："当你觉得做事有难度时，你可以寻求我们的帮助，我们也很乐意帮助你。但你要知道，这是你自己的事情，如果你能做，就要自己做。"

➡ 成果验收站

请你让孩子试着自己穿衣服、叠被子、收拾房间，让孩子做他这个年龄的人能够做的事情吧！慢慢地，你就会发现，原来孩子每天都在进步。

教养小贴士

很多孩子之所以没有养成自己的事情自己做的好习惯，主要是因为父母包办代替，独揽一切，导致孩子没有锻炼的机会。还有些你一看到孩子做事时弄得脏兮兮、乱糟糟的，就会劈头盖脸地说孩子一顿，甚至直接代劳，剥夺孩子做事的乐趣。孩子的成长需要时间，要让孩子学会做事，能够自己的事情自己做，你就要对孩子有足够的耐心，让孩子在各种锻炼中提高自己独立生活的能力。

整理物品，培养小小"收纳王"

问题大本营

前几天，女儿刚过了6岁生日，收到了很多生日礼物，有她喜欢的芭比娃娃套装，有可爱的毛绒玩偶，有冰雪奇缘的水晶球……这本来是一件令人十分高兴的事情，可是接下来的几天，我却越来越发愁：家里到处都能看到她的玩具，卧室的地上、床上，客厅的沙发上、茶几上，甚至厕所的洗漱台上，都有她的玩具。每天晚上，收拾玩具已经成了我的固定任务。可是第二天，孩子又把玩具弄得到处都是。有时候，我都怀疑孩子是在故意跟我作对。看到家里凌乱不堪的场面，我真想发火。

相信很多人都有过类似的经历。看到孩子把家里弄得乱糟糟的，虽然会抱怨、不满，嘴上说着"下一次我再也不管了"，但当下一次来临时，你还是会主动收拾干净。其实，孩子把玩具丢得到处都是，把衣服胡乱地扔到床上，把书本散落在书桌上，等等，这些虽然是生活中的小事，但是这种杂乱无章的生活方式会给孩子今后的学习、生活带来不少的麻烦。因此，你要教孩子整理自己的物品，让孩子养成整理收纳的好习惯，不要做孩子的保姆，而应该学会放手，让孩子在锻炼中得到成长。

➡ 技能训练课

孩子总是乱扔东西，把家里弄得一团糟，却从来都不收拾整理，这很容易让孩子养成丢三落四的坏习惯。因此，培养孩子整理收纳物品的好习惯是十分必要的，你可以通过以下三个方面教导孩子。

第一课：固定位置

你要相信，孩子不是故意把房间弄乱的，他只是没有意识到应该把物品放到合适的位置上，所以才会随手乱丢。因此，你与孩子为每件物品设一个固定的位置，就可以从根本上杜绝物品乱丢乱放的现象。

你可以将房间里的固定区域作为孩子的玩具区，专门存放孩子的玩具。如果条件允许，你也可以与孩子商量每件玩具所在的位置，并在那里贴上标签，以免孩子把玩具放错地方。

同样，孩子的衣服、被子也应有专门的衣柜，书、作业本也应有自己的抽屉，并按照一定的规律有条理地排列。每件物品都有属于专属的位置，孩子自然就不会随手乱扔了。

第二课：每日整理

你不要总是帮孩子收拾"烂摊子"，而应该让孩子自己收拾自己的"烂摊子"。你可以与孩子约定把每天晚饭后至睡觉前的这段时间定为"整理时间"，让孩子在这段时间集中整理自己的物品，保证家庭环境的整洁。

对于年龄比较小的孩子，如果他不知道应该怎样整理，你可以陪他一起整理，但不应包办代替；对于年龄较大的孩子，你则要把主动权都交给孩子，让孩子自己收拾物品。相信坚持几周之后，不用你说，孩子就会主动整理自己的物品，把物品排列得井井有条。

第三课：定期清理

很多父母都会抱怨：孩子的屋子就像是垃圾场，什么东西都有，空的饮料瓶、糖果盒，坏了的存钱罐、笔筒，甚至是半颗糖果，真的是"只有你想不到，没有他那里找不到的"。

如果物品太多，又没有及时清理，东西自然就会越堆越乱，因此，你要让孩子定期清理自己的物品，将用坏的物品扔掉，将暂时不用的物品放到储藏箱里，将不需要的物品或衣服捐给慈善机构等。每件物品都有放置的地方，房间自然很容易保持干净整洁了。

➡ 成果验收站

现在，请你带着孩子一起整理他的物品吧！你并将整理前与整理后的场景都用手机拍下来，让孩子看一看自己的劳动成果。

教养小贴士

　　如果孩子是家里的"破坏王",总是把你辛辛苦苦收拾干净的屋子弄得乱七八糟,你就不要再娇惯孩子了,让他为自己的行为埋单吧!整理自己的物品,这对孩子来说是很重要的一项技能。刚开始,孩子可能会抱怨、排斥,为了让孩子乖乖就范,你可以抓住孩子的软肋,如不收拾干净就不能邀请朋友来家里玩,不整理就取消周末的游玩计划等。当孩子习惯了自己整理后,他自然就会乐在其中了。

洗刷刷，争当"卫生小标兵"

问题大本营

我的儿子6岁了，长得很可爱，嘴也甜，亲戚朋友都夸他懂事，我也很欣慰。可是，最近我发现孩子不讲卫生的问题越来越严重。他跟小朋友出去玩时，几乎是穿着白衣服出去，穿着黑衣服回来，我甚至怀疑他故意在泥土里打滚。我知道小孩子好动、爱玩，所以很少责怪他。但是现在他连饭前洗手、早晚刷牙这些基本的卫生行为都抵触，没办法，我只好强拉着他洗手、刷牙。有时候，趁我不注意，他会偷偷地吃水果，看到孩子那一双小脏手，我真担心他会吃下不干净的东西。我要怎么教育孩子，才能让他讲卫生呢？

孩子邋邋遢遢、不讲卫生，这是让很多父母感到头疼的问题。对父母来说，讲卫生是很自然很正常的一件事，但是孩子可能还没有形成这样的意识，于是他在日常生活中的表现就给父母留下了不讲卫生的印象。勤洗头洗澡，勤换衣服，经常整理房间，饭前便后洗手，等等，这些看起来都是生活中的小事，却与孩子的身体健康及个人形象密切相关，直接影响着孩子的生活质量。因此，你应该让孩子从小养成爱干净、讲卫生的好习惯。

➡ **技能训练课**

爱整洁、讲卫生是每个人都应具备的一种生活习惯，更是一种良好的生活技能。你要想帮助孩子掌握这项生活技能，可以从以下三个方面做起。

第一课：视频宣传

孩子没有讲卫生的意识，主要原因是他没有认识到讲卫生的重要性，因此，你首先要通过视频、课本、故事等方式让孩子明白为什么要讲卫生。对年龄较小的孩子来说，生动形象的视频无疑是最好的选择。

你可以跟孩子一起看小动物因为不讲卫生而生病的视频，也可以看小朋友因为不讲卫生而被其他人孤立的视频。在看视频的过程中，你可以与孩子讨论讲卫生与不讲卫生的区别，从而让孩子认识到讲卫生是十分重要的，使孩子产生要讲卫生的想法。

第二课：比较教育

当孩子外出玩耍把衣服弄脏后，你可以拿出干净的衣服与脏衣服做对比；当孩子的手很脏时，你可以先给孩子洗一只手，让孩子与自己的另一只手做对比。你也可以给孩子举生活中的例子，如某个小朋友不讲卫生，鼻子上总是挂着鼻涕，其他小朋友都不爱跟他玩，而爱干净的那个小朋友就很受欢迎。

在日常生活中时时渗透卫生教育，将讲卫生与不讲卫生的情形进行对比，有助于孩子养成爱整洁、讲卫生的好习惯。

第三课：细节卫生

良好的卫生习惯是从生活小事中慢慢培养的，你要抓住卫生细节，让孩子成为"卫生小标兵"。如勤剪指甲，在剪完指甲后要洗手和指甲剪；饭前洗手、饭后漱口；内裤、袜子一天一换；书包、文具盒经常擦拭；毛巾、浴巾经常在阳光下晾晒；随手准备纸巾，嚼完的口香糖用纸巾包好再扔进垃圾箱，不随地吐痰等。

我们常说"细节决定成败"，你要为孩子做好榜样，让孩子关注细节卫生，从小事做起，慢慢养成良好的卫生习惯。

➡ 成果验收站

现在，你的孩子有讲卫生的意识吗？他会主动做哪些事情呢？请你多表扬他吧！

教养小贴士

好的卫生习惯可以让孩子受益终生，有些孩子之所以卫生习惯差，是因为你的包办代替。父母将孩子的个人事务揽在自己身上，导致孩子没有讲卫生的意识，也不清楚自己应该如何做。因此，为了避免出现此类情况，你要注重对孩子卫生技能的培养，给孩子独立的空间与成长的时间。当你看到孩子吃完西瓜后的小花脸时，请你鼓励孩子自己去洗脸，而不要总是帮孩子擦脸；当你看到孩子的脏袜子时，请你教孩子怎么洗袜子，而不是帮他把袜子洗干净。请相信，在你的信任与鼓励下，孩子会表现得越来越好。

家务分担，让懒孩子变成勤孩子

问题大本营

我的儿子是个十足的大懒虫，每天只想着吃吃睡睡，一让他干点家务活，他就找借口推脱，如要写作业、要做手工、跟朋友约了出去玩等。有时候，我让他把身旁的抹布递给我，他都十分不情愿，好像这会伤害到他似的。上周日，我和他爸爸商量做了一次家庭大扫除，也给孩子分配了任务，让孩子帮忙擦桌子和书架，结果孩子一整天都闷闷不乐的，干活也不积极，总想着偷懒。我很不解：孩子为什么会变得这么懒呢？为什么会这么抵触做家务活呢？

很多人都很疼爱孩子，舍不得让孩子干一点家务活，当孩子想要插手家务活时，你就拒绝、阻止孩子，久而久之，孩子便不再有做家务活的意识，认为这不是自己应该干的。于是，当孩子渐渐长大，你觉得孩子应该主动帮忙分担一些家务活时，孩子也不愿意做，因而便成了你口中的懒孩子。让孩子从小做家务活不仅可以培养孩子的独立生活能力，让孩子掌握劳动技能，还可以培养孩子的责任感，为其今后形成社会责任感打下基础。因此，你应引导并鼓励孩子分担家务，培养出一个爱生活、爱劳动的勤快孩子。

➡ 技能训练课

简单的家务劳动会让孩子变得更独立、自强，有利于孩子的良好成长，所以你应让孩子体验家务劳动，帮助孩子在劳动中获得成长。具体来说，你可以通过以下三种方式教导孩子。

第一课：实行"家务劳动承包责任制"

孩子不想做家务，主要是由于缺乏责任意识，觉得家务活不是自己应该做的，而是爸爸妈妈应该做的。要改变孩子的错误想法，你可以在家庭中实行"家务劳动承包责任制"，即将每个人要承担的家务劳动确定下来，执行人要为自己的劳动负责。

当然，你要分配给孩子力所能及的家务劳动，让孩子在做家务的过程中产生成就感，而不是挫败感。如果孩子很主动，则你可以让孩子选择自己想做的家务活，这可以让孩子更乐于做家务。

第二课：用积极态度感染孩子

有些父母每天都要做很多家务活，繁杂、琐碎的家务劳动耗费了他的时间和精力，于是他们觉得做家务是很累人、烦人的，你的这种消极情绪会传染给孩子，让孩子自然而然地抵触做家务。试想一下：如果你看到别人总是抱怨他正在做的事情，你还会觉得做这件事很有乐趣吗？

如果你也讨厌做家务，不想做家务，那么你想一想做家务的好处吧！你可以在做家务的过程中播放自己喜欢听的歌，保持愉悦的心情。你享受这个过程，孩子自然会对家务产生兴趣，希望可以参与其中。

第三课：对孩子示弱，让其挑战新任务

当你想让孩子多掌握一项技能时，你可以向孩子示弱，请求他帮帮你，这样，孩子就会乐于接受新的挑战。例如，你在拖地时，看到孩子闲坐在沙发上，你可以对孩子说："妈妈现在没力气了，你能帮妈妈拖地吗？"孩子听到你的请求，一定会十分乐意帮助你。所以，当你想让孩子学习新技能时，你不妨对他示弱吧！

➡ 成果验收站

你的孩子现在会做哪些家务活呢？请你一点一点锻炼孩子，让孩子尝试着做更多的家务活吧！

教养小贴士

当孩子做完家务活后，即使孩子的做法并没有达到你的预期，也请你一定要表扬他，相信他下次会做得更好。表扬时尽量不要用金钱奖励，以免让孩子产生做家务只是为了钱的想法。你可以征求孩子的意见，问问孩子想吃什么或者想玩什么等，以满足孩子的心愿。下表大致列出了不同年龄阶段的孩子可以做的家务，你可以根据下表的内容来培养孩子。

家务年龄对照表

年龄	可以做的家务
9~24个月	拿汤匙吃饭、把脏衣服放到盆里等
2~3岁	把垃圾扔进垃圾桶、帮家长拿取东西、整理玩具等
3~4岁	独立刷牙、铺床、叠衣服、擦桌子等
4~5岁	饭前摆好碗筷、饭后收拾餐具、洗自己的袜子和内裤等
5~6岁	清洗水果和蔬菜、收拾房间、整理书包、准备要穿的衣服和鞋子等
6~8岁	洗碗、用电饭锅煮饭、帮忙做饭做菜、摆好桌子和椅子、扫地等
8~10岁	衣服分类放进洗衣机清洗、做简单的饭菜、写采购清单、拖地等
10~12岁	清理冰箱、独自进行大扫除等

注：本表格中所列内容仅供参考。每个孩子都是独一无二的，在日常生活中，你要结合孩子的实际情况，培养孩子做家务的能力。

教孩子认路，别让孩子成路痴

问题大本营

我的女儿5岁了，但是她从来不记路。每次我带她出去，即使是已经走过好几遍的路，她也不记得，总是问我接下来要怎么走。昨天，我带她去之前常去的超市，女儿在路上一直念叨着这条路没走过，还说很喜欢走这条路，因为有个蛋糕店，回家的时候可以买个蛋糕吃。我跟女儿说之前的蛋糕就是在这边的店里买的，女儿一脸疑惑，直到我带她走进那家蛋糕店，她看到有跟自己吃过的一样的喜羊羊蛋糕，这才相信。从蛋糕店出来，我们继续往超市走，走到十字路口时，我让女儿说应该往哪边走，结果她指了一个相反的方向。我很担忧，女儿总是不认路、不记路，万一她走丢了可怎么办呢？

相信很多父母都与案例中的妈妈有同样的担忧，孩子不记路、不认路，很可能会走丢，使自己陷入危险之中。试想一下：当你带着孩子去公园玩时，他突然看到一只可爱的小狗，于是就跟小狗追追闹闹，等他回过头来找你时，却不知道该往哪边走。如果这样的经历让孩子很受伤，很害怕，孩子很有可能就不敢离开你太远，变得胆小懦弱；而如果孩子依旧顽皮，不记路，则类似的情况还会多次上演，落单的孩子很可能会遇到危险。因此，你一定要教孩子认路，不要让孩子成为路痴。

➡ 技能训练课

"跟着我走就行了，告诉你你也不知道！"你有没有对孩子说过类似的话呢？当孩子对你们要去的目的地感兴趣时，你是不是否决了他呢？你拒绝告诉孩子去哪里、怎么走，这会使孩子越来越依赖你，不再主动认路、记路，不利于培养孩子方向感。久而久之，如果没有你和小伙伴跟着，孩子哪里都不敢去，这对他的生活会产生很大的影响。因此，你要教孩子认路，从小培养孩子的方向感，具体可以从以下三点来实施。

第一课：识记标志性建筑

当你带着孩子在路上行走时，请你多提醒孩子看一看路边的标志性建筑，可以是建筑风格独特的大楼，可以是显眼的雕塑，也可以是银行、超市、商场、公交车站等。这些标志性建筑一定要显眼、易记，让孩子不容易忘。

当然，为了让孩子更好地记住路边上的标志性建筑，你可以与孩子设计属于你们的"暗语"，赋予这些建筑物新的含义。如将风格独特的大楼按照其样子称为"马桶楼"或"玻璃楼"，这样的名字既便于孩子记忆，又能让识记的过程充满乐趣。

你要注意，不要将流动商贩、小店铺等作为孩子要识记的标志性建筑物。

第二课：方位语练习

你让他往东，他偏要往西；你让他抬左手，他非要抬右手：这是孩子缺乏方向感的表现。你可以在平时多与孩子练习方位语，增强孩子的方向感。

例如，在家中时，你可以告诉孩子："妈妈的屋子在东边，你的屋子在西边。""你右手边的抽屉里有玩具。"当在路上行走时，你也可以经常用"马路东边""桥西边"等具有方位性的词语来描述位置，以增强孩子的方向感，让那些标志性建筑在孩子的脑中可以正确、有序地排列。孩子的方向感强了，自然就会认路了。

第三课：画路线图

路线图可以将那些标志性建筑物和主要道路的相对位置都表现出来，也有助于孩子将脑中的"地图"重现。当你跟孩子从外面回到家后，你可以让孩子把走过的路线画出来，并将沿途中的标志性建筑也标示出来，从而强化孩子的记忆，让孩子不再成为走过即忘的路痴。

➡ 成果验收站

现在,请你带着孩子在家附近的路上走一走,并让孩子记住沿途的几个标志性建筑,然后让他画出此次行走的路线图。如果孩子的表现没有达到你的预期,你也不要着急,相信经过慢慢地培养,孩子的表现会让你大吃一惊的。

教养小贴士

在日常的生活中,你要让孩子记得走过的路,尤其是家附近的路。当你们要出发去别处时,你可以将目的地告诉孩子,如果他知道怎么走,你就可以让孩子当向导,带领你们走向目的地。你要注意,对于年龄较小还不认路的孩子,你要让他记住家庭住址及你的电话,或者将这些信息写到一张纸上,将纸放到孩子的衣服口袋中,以便于他人送孩子回家。

第三章
心动不如行动,做好事情有技巧

⬇

孩子做事不积极、不主动,目标定得太高无法达成,分不清主次,眉毛胡子一把抓,不会随机应变,总是半途而废……这些都是孩子缺乏做事技能的体现。俗话说:"授之以鱼不如授之以渔。"你要教给孩子做事的方法与技巧,而不是告诉孩子应该怎样做。培养孩子的做事技能,能让孩子变得更独立、更自信。

不做守株待兔的孩子

问题大本营

我的儿子已经9岁了,他做事时很被动。上周,我妹妹一家人来我家,她儿子跟我儿子在一起玩,我本以为孩子跟同龄人一起玩会很积极,没想到他还是一副漫不经心的样子,不主动说自己想玩的游戏,也不主动选择自己喜欢的游戏人物,好像在等着别人帮他做选择似的。孩子遇事总是这样,我真担心他会因此而吃亏,我要怎样教育孩子呢?

孩子做事不积极、不主动,需要别人提醒、帮忙,这是由于孩子缺乏主观能动性。在当前的社会背景下,孩子的主观能动性不足,孩子很可能会错失很多机会,给自己留下遗憾。因此,你要从小事做起,培养孩子做事的积极性与主动性,鼓励孩子尝试,不要让孩子产生守株待兔的想法。

➡ 技能训练课

孩子做事不积极与你的教养方式有很大的关系。要让孩子积极主动做事，你可以尝试以下三种教育方式。

第一课：选择权归属

很多人都会告诉孩子：哪些食物有营养，对身体健康有益；什么书是好书，可以获取知识；什么样的朋友才是好朋友，值得交往。你将自己的选择强加给孩子，孩子失去了话语权与选择权，被迫接受你的选择，他自然就没有了做事的主动性。

因此，你应将选择权还给孩子，让孩子自己决定自己的事情，不要因为担心孩子受伤而剥夺他选择的权利。即使是很小的一件事，你也要听一听孩子的心声，不要擅自为孩子做自认为最好的决定。

第二课：多请求，少要求

"今天你要把自己的房间收拾干净，把东西摆放整齐。""今天你能帮妈妈收拾一下你的房间，把东西都摆放整齐吗？"请你试想一下，当你对孩子说出这两句话后，分别会得到什么结果呢？每个人都希望被尊重、被信任，孩子也不例外。你在与孩子交流时，希望孩子做某些事时，可以多用请求帮助的方式，而不是生硬地要求。你的请求会让孩子觉得自己做这些事是值得骄傲的，是有价值的，而不是单纯地被要求去做。

第三课：允许犯错

犯错并不可怕，我们都是在不断犯错中成长起来的。既然如此，那么你为什么不允许孩子犯错呢？当孩子想要尝试某些事时，即使你知道孩子会失败，也不要以不可能、不行等话语来拒绝孩子，否则只会挫伤孩子做事的积极性，让他变得消极被动。

当孩子对某件事感兴趣时，请你多给孩子一些鼓励，给孩子尝试的空间，让孩子充满勇气面对未知的挑战，体验自己的选择所带来的后果。请你相信，孩子不会因为一时的失败而意志消沉，这样的经历反而会给孩子下一次的选择提供参考，帮助孩子做出更适合自己的决定。

▶ 成果验收站

现在，请你尝试着改变与孩子的相处方式，让他自己决定需要做什么、应该怎么做吧！

教养小贴士

你爱孩子、担心孩子，想要孩子免受伤害，这是人之常情，但是请不要让你对孩子的爱禁锢了孩子的个性发展，限制了孩子的能力。如果孩子觉得自己没有选择权与自主权，他就会失去做事的热情。请你多尊重、信任孩子，让孩子有自由做事的空间。

设置合理的目标

问题大本营

我的女儿制定的目标总是太高,难以达到。她现在正在上小学三年级,听写和数学成绩较差。为了帮女儿改善现在的学习状况,我让女儿制定了一个学习目标,结果她在纸上写下:"听写目标——下次听写要全部写对,数学目标——下次数学考试要考100分。"看到女儿这样写,我便问她:"你下次考试真的能保证听写全对、数学考100分吗?"女儿想了想,说:"不能。"

然后,她又将目标设置成了:"听写目标——下次听写要少错几道,数学目标——下次数学考试要考90分以上。"看到女儿这样写,我真是哭笑不得,我知道女儿数学基础很差,每次考试都是60多分,不过看到她有这样的自信我还是很欣慰的,但是我担心她设置的目标太高,万一达不到,她会失去信心。我该怎样帮助女儿,让她设置一个合理的目标呢?

孩子设置的目标不合理，这是由于他对目标的意义及对自己的认识不清。相信很多父母都与案例中的妈妈有同样的经历，担心孩子因为目标设置得太高难以达成而失去信心。但是如果孩子将目标设置得太低，则父母又会担心目标很容易达成，孩子会失去继续努力的动力。我们都知道，目标会指引着孩子努力拼搏，孩子有了目标，就有了使命感与责任感。因此，制定合理的目标是十分重要的。

➡ 技能训练课

孩子在做事时没有目标，就犹如一艘没有舵的船，漂泊不定，最后搁浅在海滩上。因此，让孩子掌握制定目标的技能是很重要的。太高或太低的目标不仅无法发挥出作用，还会对孩子产生消极的心理暗示，因此，你要帮助孩子制定合理的目标，让孩子在目标的引导下变得越来越好。那么，如何帮助孩子制定切实可行的目标呢？你可以从以下三个方面入手。

第一课：认识自我

孩子制定目标不合理主要是对自我的认识不足，因此，你要帮助孩子认识自我，明确现状。例如，在帮助孩子制定学习目标时，你首先要帮助孩子分析自己的学习特点，擅长哪些内容，在哪些内容的学习上有所欠缺，学习成绩不理想的原因是什么，这些问题有多大的改善空间。当孩子充分地了解了自己的学习现状后，你就可以让孩子自己制定目标了。

在生活中的其他方面上也是如此，孩子只有充分地认清自己，了解自己的发展潜力与提升空间，才能制定出适合自己的目标。

第二课：制定合理的目标

在孩子认识自我的基础上，你要引导孩子制定目标。你要注意，制定目标时尽量让孩子自己做决定。如果你觉得孩子的目标制定得不合理，则你可以与孩子商量，改变孩子的观点，但不应直接告诉孩子应该制定什么样的目标，什么样的目标才是好的、有用的。毕竟目标是给孩子定的，目标定好之后需要孩子来具体实施。

很多孩子在制定目标时都会定得过高，这说明孩子有一颗积极向上的心，但是过高的目标会给实施过程带来很多困难。一旦孩子无法达到所设定的目标，他就很可能灰心丧气，对自己失去信心。因此，当孩子制定过高的目标时，你应该提醒孩子将目标细化，将这个高目标作为长远目标，分阶段制定目标。

如果孩子制定的目标很低，很容易就能达成，则说明他是一个踏实的孩子。但是过低的目标会让孩子觉得不用努力就能达成，目标也就失去了存在的意义。因此，你要帮助孩子设立合理的目标，激发孩子奋发向上的动力，使其朝着美好的前景努力。

第三课：调整目标

目标制定后并不是一成不变的。当孩子达到了自己的阶段目标后，你可以让孩子看一看自己之前制定的目标是否合理，并根据此阶段的表现和目标的完成情况，对接下来的目标进行调整。

➡ **成果验收站**

现在，请你将孩子的现状记录下来，并帮孩子制定他的目标吧！可以是学习目标、生活目标，也可以是你想让他掌握的能力。

教养·小贴士

> 孩子是独立的个体，而不是你的附属品。你不应将自己的期望强加给孩子，增加孩子的负担。有些父母经常会对孩子说"我这辈子就指望你了""我把所有的希望都放在你身上了，你可不要让我失望"，实际上，现在很多孩子要完成的目标并非出于自己的意愿，而是父母强加给孩子的。请你不要用自己的奉献与付出"绑架"孩子，不要让孩子完成你的梦想。

有条不紊，计划先行

问题大本营

我的儿子做事总是莽莽撞撞的，想到什么就做什么，从来都没有一个计划。就拿上周六来说吧，他本来高高兴兴地洗着衣服，结果突然说了句："我数学作业还没写呢！"于是，他就飞奔到自己的房间，开始着手写作业，留下没洗完的脏衣服。有时候，我们正在朋友家做客，儿子会突然想起没有给花浇水或者把玩具落在了外面，弄得我们不得不提前离开。类似的事情不胜枚举，在经历了几次之后，我一直提醒儿子把要做的事情列个计划，却没有什么效果。

凡事预则立，不预则废。做事有计划、有条理，很容易取得好的结果。反之，如果做事莽莽撞撞，想到什么就做什么，那么生活无疑会被零散的小事占据。对孩子来说，计划就相当于是一种约束，如果孩子没有做计划，则他的生活状态很可能是散漫、松垮的。当他想要出去玩或者看电视时，他就会毫不犹豫地去做，而忽略本来应该做的事情。但是如果孩子做了计划，他就会产生一种紧迫感和责任感，从而能够自我约束。因此，你要鼓励并帮助孩子做计划，让孩子合理控制自己的生活，提高孩子的做事技能。

➡ 技能训练课

有些孩子在做计划时，习惯把要做的事情都罗列上，但是没有条理性；有些孩子即使做了计划，也不按照计划行事，依旧我行我素，计划形同虚设；有些孩子在做了计划后很少总结、反思，对自己的进步和不足没有确切的认识，导致后劲不足。孩子之所以会出现这些行为，主要是因为对计划的认识不全面。所以，你要帮助孩子做计划，并让计划发挥出其应有的作用。

第一课：列表格，写计划

用表格写计划是很好的方式，因为表格可以将计划的内容清楚而全面地展示出来，便于孩子查看。

在用表格做计划时，你要让孩子在表格中写上如下内容：必须要做的事情，希望要做的事情，做这些事情所需的时间、要求以及要达到的目标。当孩子做完计划后，你可以让孩子将这些事情按照重要程度排序，并写上这些事情的先后顺序，让孩子可以有条不紊地完成这些事情。

另外，表格中的计划要尽量全面、具体，最好写上做这件事的初始时间与结束时间,从而给孩子带来一种紧迫感。

第二课:责任教育

有些孩子虽然会乖乖地做计划,但是他很少按照这个计划去执行,这就使计划成了摆设,没有实用的价值。因此,你要对孩子进行责任教育,让孩子用计划约束自己的行为。

首先,在制订计划时,你要让孩子成为主角,引导孩子写下他应该做的事情,而不要代替孩子。这样会让孩子觉得这都是自己的决定,自己有掌控权和决定权,于是他在做事时便会更主动,也更自律。

其次,你要一直给孩子渗透责任意识,如自己的事情要自己做,承诺过的事情就要做到,不要推卸责任,等等,从而让孩子在不知不觉中形成责任意识,督促自己完成计划。当然,你也可以利用孩子喜欢的方式对他进行责任教育,如讲故事、看动画片、剖析实例等。

第三课:自我总结

你要引导孩子学会自我总结,让孩子对照计划表和预估结果,为自己的行为打分。如果孩子在某些方面表现得很好,则你可以给予孩子奖励;如果孩子在某些方面表现得较差,则你可以让孩子说一说接下来的计划。

自我总结的目的是让孩子再接再厉,表现得更出色,因此,你不要过度关注孩子此时的不足,而应该多给孩子鼓励,让他有信心、有勇气开启新一轮的计划。

> **成果验收站**

现在，请你引导孩子先制订一日计划吧！把他今天要做的事情写下来，然后对照计划表，看一看计划的完成程度。相信经过多次制定计划，孩子做事会越来越有条理。

教养·小贴士

拥有计划观念和计划能力是孩子应该养成重要素质，这对孩子的生活、学习，甚至以后的工作都具有不可替代的重要作用。因此，你要注重引导孩子做计划，为孩子提供实施计划的家庭环境，不要因为假期、有客人到访或者其他非必要因素，强制中断孩子的计划。

要事第一，不能眉毛胡子一把抓

问题大本营

我的女儿已经上小学四年级了，但是她做事时还是分不清主次，总是眉毛胡子一把抓，最后事情的结果都不理想。昨天，老师留的家庭作业是做一套数学试卷，我知道女儿的数学成绩一直都不太好，每次做数学作业都要花好长时间，于是，我便建议女儿先做数学试卷，试卷做完后再弹钢琴、看电视。可是女儿不同意，说每周三都弹钢琴是惯例，一定要先弹钢琴，于是，她便弹了一小时的钢琴。

我本以为她弹完钢琴后会去做作业，可是她直接打开电视机，坐到沙发上准备看电视。我提醒她数学作业还没做，她依旧不为所动。看了半个多小时的电视后，女儿终于去做作业了，但是由于做题速度较慢，因此她才做了不到一半的题目，就到了睡觉的时间，结果她就留下没做完的试卷去睡觉了。

孩子做事不分主次，很容易在小事上花费太多的时间和精力，从而干扰到大事。正如用铁桶装石块，如果你先往铁桶里装满碎石、沙子和水，铁桶中就没有多余的空间容纳石块了。石块代表我们生活中重要的事情。虽然很多孩子都知道某些事是很重要的，但是他们很少优先处理生活中的"石块"，反而将自己的时间和精力放到次要的事情上，最终重要的事情没有保质保量地完成。因此，你要让孩子懂得要事第一的道理，帮助孩子分清主次，以提高孩子的做事技能。

➡ 技能训练课

孩子做事情不分主次，眉毛胡子一把抓，会给自己的生活造成很大的影响。你要培养孩子做事分清轻重缓急的习惯，让孩子掌握做事技能，更高效地完成任务。

第一课：先做最重要的事

我们的时间和精力都是有限的，孩子也是如此。如果他在小事上花费了太多的时间和精力，就没有太多的时间和精力来处理重要的事情了。因此，你要告诉孩子，首先要做最重要的事。

至于哪件事才是当前最重要的事，孩子的选择可能与你的选择存在差别。其实，你只要让孩子知道，重要的事情就是对自己的生活、学习会产生重大影响的事情，如吃饭、写作业、读书等。

如果孩子不知道应该如何将这些重要的事情进行排序，则你可以教给孩子一个方法，即按照不做某件事的后果严重程度去划分。例如，如果到用餐时间了，不吃饭就会肚子饿，影响身体健康，做事效率也会低下；如果不写作业，就可能被老师批评，听课时很费力，学习成绩可能会慢慢下降。孩子最不想面对哪种结果，自然就要先做哪件事。

在确定了要做的事情后，你可以让孩子将这些事情按照先后顺序记下来，每完成一项就在对应的事情后面打上"√"。这样孩子就会有成就感，也就会更积极地去做接下来的事情了。

第二课：一次只做一件事

相信很多人都有这样的经历：孩子一边写作业一边看电视，结果作业做得差，电视也看得不开心。我们都知道一心二用是很难把事情做好的，因此，你要让孩子记住一次只做一件事。

对孩子来说，一次只做一件事，说起来容易做起来难。孩子的注意力很容易被其他事情吸引，你要在日常生活中训练孩子，让孩子专注于正在做的事情。你可以为孩子提供一个良好的家庭氛围，当孩子学习时，不打开电视，不制造较大的声音等；对孩子进行正面教育，当孩子专心致志地完成一件事后，给予孩子肯定与鼓励，让孩子受到正面强化，进而表现得更好。

➡ 成果验收站

现在，请你引导孩子将他今天要做的事情按照重要程度进行排序吧!请注意,由于是刚开始,请你多给孩子一些鼓励,即使他的表现并不是很好,你也不要表现出失望。相信经过几次之后,你的孩子会表现得越来越出色!

教养·小贴士

分清事情的轻重缓急,先做最重要的事,这是每个孩子都应该掌握的一项技能。你要帮助孩子区分主要事情与次要事情,让孩子先将自己的时间与精力放在主要事情上,对于可做可不做的事情,可以延后处理,不要让小事干扰大事。另外,对于零碎的事情,你可以让孩子利用零碎的时间来处理,例如利用饭后半小时的休息时间整理房间等。

孩子要学会随机应变

问题大本营

我的女儿6岁了,亲戚朋友都夸她老实,可是我总觉得女儿有点笨,她做事时总是一根筋,不懂得随机应变。前几天,她跟爸爸一起玩搭积木的游戏,两个人比赛,看谁的积木搭得高。刚开始,女儿总是把积木立起来搭,结果每次都是刚搭完积木第二层就倒了。失败了几次之后,女儿就改变了战略,将所有的积木都放倒,这样虽然保证积木不再倒了,但是高度很有限。为了让女儿自己想到更好的搭积木的方式,爸爸就只搭了一层,可是女儿尝试了好久,也没有想出来要混合着搭。后来,我们为女儿演示了混合着搭积木的方式,女儿这才恍然大悟。我真担心,女儿做事总是这样一根筋,以后肯定会吃亏的。

孩子做事一根筋,没有发散思维,不懂得随机应变,这并不代表孩子笨，只是孩子还没有掌握做事的技巧。你的孩子是否出现过类似的情况：当他在学习时，他总是顺着一个思路思考，即使找不到解题的方法，也一直揪着这个问题不放；当他想要玩他人的电子琴时，他只想过跟他人借，而没有想过交换玩具。别看这些都是小事，但是孩子的固定思维一旦形成，在做其他事时，思维也就难以发散。因此，你要注重培养孩子随机应变的技能，让孩子拥有解决问题的能力。

➡ 技能训练课

孩子在成长的过程中，会遇到各种各样的问题，你不能事事都帮孩子解决，因此，你要教给孩子随机应变的本领，让孩子具备发散思维，让孩子学会自己处理问题，这会让孩子受益良多。你可以在平时生活中对孩子进行如下训练。

第一课：发散思维训练

"条条大路通罗马"，解决问题的方法并不是只有一个，你要帮助孩子建立"达到目的可以有不同的方法"的观念，培养孩子的发散思维。

（1）故事启发

孩子都爱听故事，你在给孩子讲故事时，孩子关注的点千奇百怪。当孩子没有抓住故事的重点时，你不要否定孩子的想法，要知道，这是孩子有发散思维的体现。请你鼓励孩子的奇思妙想，继续培养孩子的发散思维。

例如,在讲《小兔子开门》的故事时,孩子关注的点可能不在"不给陌生人开门"上,而会问:"为什么小兔子不从猫眼看一下是不是妈妈回来了?""小兔子可以给妈妈打电话啊!"……当孩子提出这些千奇百怪的问题时,你不要强行将孩子的思维拉到故事的主题上,而应该与孩子一起思考,让孩子养成多角度思考的好习惯。

你在给孩子读故事、讲故事时,可以启发孩子从多角度进行思考,让孩子做事不再一根筋。

(2)游戏引导

孩子都爱玩游戏,也都想获胜。你可以与孩子玩一些益智游戏,如拼图游戏,拼图的正面是中国地图,背面是一个人或者是一个动物。如果孩子只看正面很难拼成,但是拼背面则很快就能完成。通过这类游戏,孩子慢慢地就学会转换思维了。

第二课:应变能力训练

我们都知道司马光砸缸救人的故事,司马光的举动是应变能力强的表现。在平时的生活中,你可以通过提问的方式训练孩子的应变能力。

例如,在看到电视中两个好朋友吵架时,你可以问孩子:"如果你跟你的朋友有矛盾,你会怎么解决呢?"在看到火灾场面时,你可以问孩子:"如果你遇到这种事,你会怎么做呢?"你的提问会刺激孩子思考,锻炼孩子的应变能力。

当然，你提出的问题要切合孩子的日常生活。经过这样的模拟训练，孩子如果遇到此类问题，就不会不知所措了。而且，即使孩子遇到的是全新的问题，这种随机应变的能力也会帮助孩子更好地解决问题。

➡ 成果验收站

现在，请你带着孩子一起读一读《西游记》中"孙悟空大战二郎神"的内容，或者看看这个动画片段吧！相信孩子在看过之后，一定会对随机应变有更深的认识，遇到事情时，他自己也会主动开拓思维的。

教养小贴士

在平时的教养过程中，你可以带着孩子多进行一些活动，如登山、春游、野餐、游泳等，孩子参与的活动越丰富，积累的经验越多，应变能力就会越强。

另外，你要给孩子做好榜样，当某件事做得不顺心时，不要只顾着埋怨，而应该想一想其他的解决办法。在你的亲身示范下，孩子的应变能力会渐渐增强。

告别三分钟热度,为孩子的坚持点赞

问题大本营

我的女儿今年10岁了,做事既没有耐心,也没有毅力,看到别人做什么,她就也想做,结果总是三分钟热度。今年夏天,女儿看到小区里的其他小朋友都会游泳,她就吵着嚷着要学游泳,结果才上了两节课,她就不想学了。我带她去亲戚家做客时,她看到弟弟在弹钢琴,自己也非要学钢琴。我们拗不过她,只好给她报了一个钢琴班,虽然在事前女儿承诺绝对不会半途而废,但是结果事与愿违,刚上了三节课,女儿就觉得没意思,不学了。女儿做事总是这样三分钟热度,一点都不懂得坚持,这样以后怎么会成功呢?

你的孩子做事时是不是也经常虎头蛇尾,只有三分钟热度呢?孩子做事无法善始善终,一遇到困难就想要放弃,以后也很难取得大的成就。一般来说,做事只有三分钟热度的孩子,往往意志力比较薄弱，注意力难以集中，这就使得孩子难以体验成功的喜悦，众多放弃与失败的经历会挫伤孩子的自信心，使其在做事方面马马虎虎，甚至产生严重的自卑感，这对孩子的成长是十分不利的。因此，你要帮助孩子改掉半途而废的坏习惯，让孩子学会坚持。

➡ 技能训练课

"不积跬步，无以至千里；不积小流，无以成江海。"成功并不是一蹴而就的，只有不断地坚持与努力，才有机会到达成功的彼岸。你要让孩子学会坚持，为孩子的坚持点赞。

第一课：意志训练

孩子做事无法坚持下去，是意志力薄弱的表现。你要根据孩子的兴趣，培养孩子的意志，让孩子学会善始善终。

如果你的孩子对画画感兴趣，你可以鼓励孩子学习画画，并为孩子提供学习画画的环境和机会；如果你的孩子对武术感兴趣，你可以给孩子报一个武术班，让孩子沉浸其中。根据孩子的兴趣投其所好，孩子在学习的过程中会产生一种喜悦感与满足感，自然也就不会因为遇到一点困难而想要放弃了。

当然，你要准确地识别孩子的兴趣，如果他只是想随波逐流，看到别人学什么自己也想学什么，而不是他内心真的想学，这种方式就会收效甚微。

第二课：化整为零定目标

孩子做事难以坚持，可能是目标定得太高，看起来遥不可及，孩子自然就丧失了信心与希望。因此，你要教孩子化整为零定目标，将大目标分解成一个个小目标，从大处着眼，从小处着手。

例如，如果孩子要学习画画，最终的目标是给爸爸妈妈画画像，你就可以引导孩子将这个最终目标分解，让孩子先学习画简单的线条和图案，然后再学习画花草树木，最后学习画简单的人像。当然，为了增强孩子的自信心，激发孩子的积极性，你也可以将这个目标进一步细化，让孩子获得成功的体验，以便更好地开展接下来的活动。

第三课：自我监督

孩子做事有很强的随意性，虽然有了目标的激励，但是他们依然有可能偷懒懈怠，慢慢地就想要放弃，因此，约束是必不可少的。你可以将实时监督权交给孩子，让孩子自我监督。

很多人都担心，没有自己的监督，孩子会无法无天，难以坚持下去，其实不然。对孩子来说，你的监督会让他觉得有压力，产生被逼迫的感觉；而自我监督则是孩子自己掌握主动权，主动约束自己的行为，这是主动而积极的，孩子自然不会产生抵触情绪，更乐于去做这件事。

当然，为了让孩子能够更好地自我监督，你不妨偶尔给孩子戴戴高帽子，比如对孩子说："我就知道你能做到，果然很厉害!""你果然不负众望,是值得信任的人。"请相信,你的这些话一定会让孩子很受用。

➡ 成果验收站

现在,请你帮孩子找到他的兴趣,让孩子将兴趣慢慢转变成特长吧!如果孩子想要放弃,你要为孩子加油打气,不要一味地责备孩子哟!

教养·小贴士

孩子做事三分钟热度,难以坚持,很可能是你没有做好榜样。你的言行,孩子都会看在眼里,记在心里,并在潜移默化中学习、模仿,因此,你不能说一套、做一套,而要给孩子树立一个好榜样,让孩子学会坚持。当孩子遇到困难想要放弃时,他需要的不是你的批评责备,更不是你的包办代替,而是你的陪伴与鼓励。请你做孩子的陪伴者与支持者,教会孩子坚持的意义,让孩子学会坚持。

第四章

面对负面情绪，教会孩子这些抗挫技能

⬇

一遇到困难就想逃避退缩、害怕承担责任、害怕失败、输不起、被欺负也不敢反抗……孩子在成长的过程中会经历很多挫折，遇到很多困难。如果没有强大的内心，孩子很可能就会在困难面前止步，无法获得成功。你要教给孩子抗挫技能，让孩子拥有强大的内心，战胜自己的负面情绪。

有畏难情绪？教孩子战胜困难

问题大本营

我的儿子一遇到困难就退缩，从来不肯再坚持一下。在4岁的时候，他开始学轮滑，结果滑的时候摔了一跤，他就再也不学了，再也没穿过轮滑鞋；在6岁的时候，他吵着要学习骑自行车，我们给他买了一辆儿童自行车，结果才练了3天，他就再也不想练了。现在，每天晚上，我都会让儿子把当天学习的内容告诉我，他翻书时如果遇到自己不懂的，就直接翻过去，给我讲他会的内容。儿子总是这样有畏难情绪，一遇到困难就逃避退缩，我真担心他以后无法克服困难，被挫折打倒。

孩子一遇到困难就想要退缩、逃避，不敢直面困难，迎接挑战，这会让孩子逐渐养成懦弱的性格，对孩子以后的生活和学习都会产生不利的影响。试想一下：如果你的孩子学什么都半途而废，遇到困难就放弃，那么他还能做些什么呢？如果你的孩子在学习中故意忽视、掩盖自己的不足，只向别人展示自己会的内容，那么他如何提高成绩呢？面对有畏难情绪的孩子，你要培养孩子的抗挫折能力，让孩子有勇气去战胜困难。

➡ 技能训练课

孩子在成长的道路上一遇到困难，你就帮着解决，孩子就会渐渐失去面对困难、战胜困难的勇气。这就好比孩子平时走惯了宽阔平坦的大路，如果偶尔让他走在崎岖的小路上，他就会束手无策、情绪紧张，甚至不敢在小路上行走。因此，你要试着放手，让孩子自己面对挫折，战胜困难。在日常的生活中，你可以通过以下三种方式教育孩子。

第一课：障碍练习

你可以为孩子设置一些障碍，让孩子在日常生活中慢慢习惯挑战困难。例如，当孩子在玩游戏时，你不妨改变一下原有的游戏规则，将这个游戏变得更复杂一些；当孩子在做数学题时，你不妨让孩子用两种方法解决问题，让孩子的思维更活跃一些；当孩子想要达到自己的目的而提出要求时，你不妨适时地拒绝孩子，让孩子自己想办法。孩子习惯了面对困难与挫折，自然就不会那么容易被打倒了。

这里所说的障碍练习是指在孩子的能力范围内设置一些障碍，

孩子可以通过自己的努力或者你的帮助突破这些障碍，而不是纯粹地给孩子增加困难。当然，这些情况也需要你仔细地衡量，你不应不分情况地拒绝孩子，以免孩子对你产生抵触情绪，影响亲子关系。

第二课：告别依赖

你的孩子是不是很依赖你呢？当他够不到书柜上的书时，他是会站到凳子上去拿还是直接叫你拿给他呢？当他要找小朋友一起玩时，他是会自己去还是让你陪着他一起去呢？孩子依赖你，总是躲在你的羽翼下，就很难得到真正的成长。因此，你要鼓励孩子走出自己的"舒适区"，让孩子自由而独立地成长。

当孩子想让你帮他解决问题时，请你努力说"不"，让孩子不再事事都依赖你。请你不要再把孩子照顾得无微不至，请你给孩子一个独立成长的空间，让他有勇气去面对人生的困难与挫折，有能力去战胜困难。

第三课：名人榜样

有很多名人一生都在与困难做斗争，如失去视力与听力的海伦·凯勒，患有肌肉萎缩性侧索硬化症的斯蒂芬·霍金，命途多舛、屡被贬谪的苏轼。你可以给孩子讲这些名人的故事，让孩子以此为榜样，逐渐强大自己的内心，进而勇于面对成长路上的困难与挫折。

➡ **成果验收站**

现在,请你为孩子设置一些障碍,让孩子尝试一下挑战困难的感觉吧!请你相信,当孩子通过自己的努力战胜困难后,内心的喜悦感与满足感会让他变得更自信。经过多次训练,孩子一定不会再对困难望而却步了。

教养·小贴士

有些事也许在你看来根本不值一提,但对孩子来说,却是难题。你首先要理解、认同孩子的感受,用同理心与孩子交流,但不应代替孩子解决困难,而应该鼓励孩子,让孩子直面困难,必要的时候为孩子出谋划策,帮助他战胜困难。

不敢承担责任？让孩子为自己的错误埋单

问题大本营

我的儿子11岁了，他爱好广泛，性格开朗，我们都为他感到自豪。但是儿子有一个坏毛病——总是想逃避责任。昨天，儿子跟他爸爸下象棋，一不留神，他的车被爸爸的炮吃了，他便拿起自己的车放在原来的地方，说："我不走这里了，我要重新走。"爸爸不同意，对儿子说："落子无悔大丈夫。既然你已经做了决定，不管最后的结果是好是坏，你都要为这个结果负责，不要想着耍赖。"儿子见这招没用，只好乖乖地继续下象棋了。

类似这样的事情还有很多，如儿子忘记写英语作业，结果埋怨我们没有提醒他；儿子把邻居家的小伙伴打哭了，结果不承认是自己打的……我们很担心，儿子总是推卸责任，这不利于他以后的生活和交往，我们该怎么教育他呢？

相信很多人都遇到过这些情况，而当孩子向你们撒娇要赖时，大多数你的选择是包容、忍让，结果孩子慢慢地就没有承担责任的意识了，一遇到事情就想着推卸责任。我们都知道，勇于承担责任并努力改正错误是每个人都应具备的良好品质。如果孩子做错事后只想着逃避，不想承担责任，他就会越来越没有担当，也会给人留下不可信任的印象，这对孩子未来的发展是十分不利的。因此，你要让孩子学会为自己的错误负责，不要替孩子的错误埋单。

➡ 技能训练课

孩子是在一次次犯错并改正的过程中慢慢成长的。其实，当孩子犯错的时候，他的心里已经做好了接受惩罚的准备，此时，你就应该让孩子承担后果，从而让孩子变得有责任感、有担当。对于总是推卸责任的孩子，你可以对其进行如下教育。

第一课：承认错误

有些孩子觉得犯错就代表自己能力不行，担心自己给别人留下不好的印象，于是他们宁愿撒谎也不愿承认错误。因此，你要让孩子认识到犯错并不代表他很差，要帮助孩子跨过心里的这道坎。

对于年龄较小的孩子，你可以陪孩子看一些勇于认错的动画片，或是给孩子讲故事，让孩子知道认错并不可耻，勇于改正错误是值得表扬的。

对于年龄较大的孩子，你可以用生活实例进行教导。比如，

"田田把你的作业本弄坏了,但是她主动承认了错误,还说要赔你一个新的作业本,你觉得她是个坏孩子吗?"

运用孩子可以理解、接受的内容教育孩子,让孩子不再对犯错产生误解,他在犯错后自然就敢于承认错误了。

第二课:责任教育

孩子淘气,把家里的花瓶打碎了,你是不是关切地问孩子有没有受伤,然后代替孩子收拾"残局"呢?孩子把别的小朋友打了,对方家长来"兴师问罪",你是不是让孩子藏在身后,说自己的孩子也受伤了呢?不要觉得这样做是理所应当的。你这样保护孩子,孩子就难以形成责任意识,因为总有你替自己撑腰,孩子做坏事的胆子会越来越大。

你要让孩子学会为自己做的事情负责。当他把花瓶打碎时,你要让孩子将碎片收拾干净。如果孩子年龄太小,你可以帮助他收拾,但是要告诉孩子,这件事本应该是他做的,是他的责任。当他打了小朋友时,你要让孩子道歉,自己也要向对方家长道歉。如果需要支付医药费,你也应该照价支付。但是在处理完这个问题后,你要让孩子知道这是他的责任,钱是你们借给他的,让孩子为自己的错误负责。

你不护短,让孩子学会承担责任和后果,孩子才能变得越来越优秀。

第三课:行为指导

有些孩子在犯错后会主动认错,但是又屡错屡犯,这让你感到很无奈。对于懂得认错但又频繁犯错的孩子,你要多关注孩子的行为,并帮助孩子及时纠正不良行为。

当孩子犯错后,请不要批评、指责孩子:"都说你多少遍了你还记不住,你是不是成心气我?""我看你就是故意的!"这样说会让孩子产生抵触情绪,甚至孩子会为了逃避责备而推卸责任。你要先肯定他是一个好孩子,然后再指出孩子的错误,帮助他改正自己的错误行为。

➡ 成果验收站

现在,请你把这些观念一点一点渗透给孩子吧,在孩子犯错后也请你耐心地教导他,相信你的孩子一定会越来越出色的。

教养小贴士

很多父母教导孩子要知错就改,要勇于承担责任,但是有些父母自己犯了错却很少认错,这会给孩子树立一个坏榜样,孩子会觉得父母说一套做一套,自己也就没必要听话了。因此,你要学会向孩子认错,亲身示范,让孩子知道犯错并不是多么严重的事情,承担责任并改正错误,才是面对错误的正确方式。

输不起？让孩子学会败不馁

问题大本营

我的女儿在玩游戏的时候，如果感觉到自己要输了，就会发脾气说不玩了，或者要求重新开始游戏。昨天，朋友们带着孩子来家里做客，小孩子们年龄相仿，很快就玩到了一起。他们玩猜拳游戏，剪刀石头布。刚开始，小孩子们都很开心，但是没过多久，女儿就开始喊着："不玩了，不玩了！这个游戏不好玩！"我在一旁正好看到了女儿这一把输了。以往我和她爸爸玩游戏时都会让着她，免得她总是胡闹，可是我没想到，她跟同龄的小朋友在一起玩也这样输不起，一输就不玩了。我很苦恼，怎样才能让女儿变得输得起呢？

孩子把失败看得太重，输不起，这很可能是因为父母过于看重成功或失败。当孩子成功时，他可以得到父母的表扬，受到你的重视；而当孩子失败时，他就会受到父母的批评，无法让父母满意。因此，为了不再体验失败后的感觉，孩子便不想输，甚至害怕输。孩子输不起，不遵守规则，对自身的人际交往与性格养成都是不利的。因此，你要帮助孩子转变输不起的行为，让孩子成长为一个输得起的孩子。

▶ 技能训练课

没有人喜欢失败，孩子更是如此，从心理学的角度来讲，孩子之所以输不起，是因为他对自己抱有很大的期望，希望自己比别人做得更好，什么事都比别人强，进而获得他人的认可，尤其是父母的肯定。因此，当孩子失败时，他就会出现一系列的不当行为，试图维持自己在父母心中的良好形象。因此，你要让孩子知道输了也没关系，他依然是父母的骄傲。

第一课：过程比结果更重要

在做一件事情时，孩子往往更加关注事情的结果，而忽视过程，这就使得孩子把输和赢看得更重。因此，你要让孩子知道过程的重要性，让孩子享受做事的过程，而不是过于看重结果。

当孩子玩游戏失败时，你可以引导孩子说："你玩游戏的时候开心吗？在这个过程中你有什么收获吗？"当孩子做错了题后，你可以安慰孩子说："有了这次的思考过程，你下次就不会再犯同样的错误了，不是吗？"当孩子参加学校的才艺表演，没有拿到奖项时,你可以鼓励孩子说:"你的表演很棒,我看得出来,你很享受这次表演,那就足够了。"引导孩子关注做事的过程,享受过程,孩子慢慢就会淡化对结果的重视,不再怕输。

第二课:输赢都有奖励

当孩子赢了,他会得到父母的赞赏,甚至还会得到额外的奖励;可是当孩子输了,他就什么都没有了,甚至有些父母还会批评责怪孩子。这种截然不同的待遇就使得孩子越来越怕输。

当孩子输了、失败时,你应该以同样的态度对待孩子,不要让孩子恐惧失败。如果孩子赢了可以得到冰激凌,那么当孩子输了时,你可以奖励给孩子巧克力或西瓜,让孩子知道输了也没关系。

当然,为了让孩子继续保持好胜心,输赢的奖励要有所区别。你还要注意,不要把孩子的好胜心强作为输不起的挡箭牌,孩子只有学会接受失败,并在失败中成长,才能逐渐接近成功。

第三课:让孩子知道他棒在哪里

当孩子主动跟小朋友分享玩具时,你是不是会对他说"你真棒"?当孩子考试取得了好成绩后,你是不是会对他说"你真棒"?当孩子生病了没有哭时,你是不是会对他说"你真棒"?孩子总是听到"你真棒",就会担心万一自己变得不棒了,你就不喜欢自己了,于是,他就会害怕失败。

因此,当你想要夸奖孩子时,请不要笼统地对孩子说"你真棒",而应该告诉孩子他到底棒在哪里。当他主动跟小朋友分享玩具时，请你对他说："你懂得主动分享，这很棒！"当他考试取得了好成绩时，请你对他说："我知道你学习很努力，做题很认真，你真棒！"当他生病而没有哭时，请你对他说："妈妈知道生病了很难受，你一直在坚持着，你真勇敢，妈妈为你骄傲！"

让孩子知道自己棒在哪里，即使偶尔输了、失败了，他也会知道他在这个方面还需要努力，而不会让孩子全盘否定自己。

➡ 成果验收站

现在，请你尝试以上三种教养方式，将孩子的表现记录下来吧！相信一段时间之后，孩子的转变一定会让你大吃一惊的！

教养·小贴士

> 你要多陪伴孩子，但是在陪孩子玩的过程中，不应刻意让着孩子，以免孩子习惯了赢，就无法忍受输。有时候，让孩子在失败中吃点苦头，总结失败的原因，然后再去尝试，会让孩子对失败有更深的认识。

胆子小？做个勇敢的孩子

问题大本营

我的儿子胆子很小，不敢在陌生人面前讲话，有时候，家里来了客人，他就自己躲在角落里，让他跟客人打招呼，他也躲躲闪闪的；老师也反映孩子不敢在课堂上回答问题，每次老师要提问时，他都会低下头，也从来不举手，被提问时回答的声音很小；走在路上，他看到想吃的东西，非要拉着我过去买，我给他钱让他自己去买也不行；跟小朋友有矛盾的时候，别的小朋友会当面说出来，甚至动手，但是他总是一声不吭的，然后回到家里独自哭泣。我真担心孩子因为胆小而被欺负。有什么办法可以让他变得勇敢一点呢？

孩子胆子小，做事畏畏缩缩，很容易受人欺负，养成懦弱的性格，甚至不敢面对生活中的挑战，不敢接触陌生人，这对孩子自身的成长与社交都是不利的。而且，长期处于自我封闭的生活状态，孩子会变得越来越敏感，无法承受一点挫折与打击。因此，你要帮助孩子克服胆小的缺点，让孩子勇敢地面对生活中的人和事。

➡ 技能训练课

有些父母在发现孩子胆小后，总是急于让孩子变得勇敢，逼迫孩子做自己无法做到的事情，结果适得其反，孩子变得更加胆怯。你要知道，孩子胆小的问题并不是短期内就可以解决的，你要帮助孩子逐渐克服心理障碍，鼓励孩子战胜自我，使其逐渐变得勇敢。

第一课：情景模拟

孩子胆子小，不敢在陌生人面前讲话，也不敢在人多的场合发言，这很可能是孩子缺乏自信的表现。你可以与孩子进行情景模拟，让孩子提前练习，为这些情况做好准备。

例如，你可以扮演客人，让孩子当小主人招待客人，为客人端茶水、拿水果。当孩子表现好时，你要表扬孩子。为了让孩子更有自信，你也可以告诉孩子这个时候应该说些什么，让孩子多练习，这样在真正面对客人时，孩子心中就有了底气。

再如，你可以邀请亲戚朋友家的孩子来家里做客，并让每个孩子提前准备一个小故事。不管孩子讲得怎么样，你都应该给予肯定，让他有足够的信心与勇气继续参与此类活动，进而不再惧怕在人多的场合发言。

对于胆子小、没有自信的孩子，你要多鼓励，让孩子多练习，相信经过自己的努力与你的帮助，孩子慢慢就会克服胆小的毛病。

第二课：走出去

有的孩子社交圈很狭窄，很少与他人交往，除了你、长辈和同学，几乎没有其他的社交渠道，这就使得孩子的交往能力逐渐弱化。孩子习惯了在自己的舒适圈生活、交往，一旦遇到生人，他便很难适应。因此，你要多带孩子走出去，让孩子多接触外面的人和事，而不是只生活在自己的空间里。

有些你为了让孩子不闯祸，经常用可怕的言语吓唬孩子，如，不听话就会被大灰狼抓走、自己乱跑就会被坏人带走，等等。这些都会给孩子留下心理阴影，让孩子变得胆小。你要对孩子进行正确的安全教育，让孩子形成安全意识而不应恐吓、威胁孩子。

第三课：日常锻炼

生活即教育。你可以在日常生活中锻炼孩子的勇气，让孩子去做他能够做的事情。例如，当家人一起出去旅游时，你可以让孩子去问路；要买票时，你可以让孩子问票价多少钱；当孩子想要买雪糕或零食时，你可以给孩子钱，让他自己去买；等等。如果孩子不敢，则你可以陪伴孩子，但应该让孩子主导整个过程。经过几次锻炼，孩子的勇气和能力都会增强。

➡ 成果验收站

现在，请你慢慢地改变对孩子的教育方式吧！请你对他多一点耐心，多一点鼓励，让他有勇气去尝试自己不敢做的事情。相信经过一段时间，孩子的表现会让你眼前一亮的！

> **教养小贴士**
>
> 面对胆小的孩子，你要多给予鼓励，让孩子有勇气、有信心迈出第一步。当孩子认识到做这些事情没有什么大不了的时候，他就很容易迈出第二步、第三步。因此，你要给予孩子足够的信任与支持，让孩子逐渐提升自己的勇气。

害怕被拒绝？不做"玻璃心"的孩子

问题大本营

我的儿子很敏感，有一颗脆弱的"玻璃心"，一旦别人说出不符合他心意的话，他就非常受打击。有时候，他也会积极主动地跟别的小朋友搭话，但是如果被拒绝，他一整天就会闷闷不乐的。昨天，我带着孩子到小区广场玩耍，他看到一个小姐姐正在玩溜溜球，也想一起玩，但是被拒绝了，结果他就对我说："妈妈，以后我有好玩的东西也不让她玩，我以后再也不跟她玩了。"虽然我开导了孩子，但是孩子依然表现得很受伤，我真担心孩子会因为害怕被拒绝而不再主动与人交往。我要怎么帮助孩子呢？

孩子被拒绝，出现失落、伤心的情绪是在所难免的。但是如果孩子过于敏感，被拒绝之后长时间处于低落的状态中，孩子就很容易变得悲观、消极。这不利于孩子的健康发展。因此，当孩子被拒绝时，你要帮助孩子调整自己的情绪，淡化孩子的负面情绪，让孩子正确面对拒绝。

➡ 技能训练课

你的孩子在被他人拒绝后是闷闷不乐还是毫不在意呢？他的反应会让你觉得小题大做吗？接受他人的拒绝是孩子成长路上的一门必修课。你要让孩子正视并接纳自己的负面情绪，具体可以通过以下三课内容教导孩子。

第一课：说出感受

有些孩子在被他人拒绝后会闷闷不乐、一言不发，这时，即使允许孩子做他十分想做的事情，孩子也毫无兴趣。究其根源，就是因为孩子的心里还有一根刺，他无法忽视被拒绝的感觉，因而通过封闭自己的方式来保护自己。

当孩子出现这种行为时，你要耐心地引导孩子说出自己的感受。如果孩子不想说话，你可以帮他发声，如："你被拒绝了，所以心里感到失落，是不是？我也被拒绝过，当时，我也像你一样难过。"你要对孩子的感受给予认同和理解，并鼓励孩子说出自己的感受，而不是告诉孩子："没事，被拒绝很正常，没什么关系。"更不是赌气地说："不跟我们玩，我们还不愿意跟他玩呢！"

第二课：换位思考

孩子大多是以自我为中心的，他往往只关注自己的感受，而不懂得为他人着想，不懂得站在他人的角度思考问题。因此，当孩子被拒绝后，你可以与孩子分析原因，让孩子通过换位思考的方式理解对方的行为。

一般来说，孩子会被拒绝，大多是因为对方正在做游戏或者有自己的事情要做。遇到这种情况，你可以引导孩子说："如果你正在跟别人玩捉迷藏，乐乐叫你跟他一起去玩跷跷板，你会跟乐乐一起去玩呢，还是会拒绝乐乐呢？"这样，孩子慢慢就会理解，对方拒绝的是跟他一起玩这件事，而不是拒绝他这个人，如果时机恰当，对方就不会拒绝自己了。

当然，你的引导最好跟孩子被拒绝的场景一致，这样，孩子才会更有感触。

第三课：积极应对

在孩子被他人拒绝后，如何解决这个问题是很重要的。对心理脆弱的孩子来说，被拒绝就意味着从此不再一起玩；而对心理承受能力强的孩子来说，被拒绝仅仅代表此时不能一起玩，稍后还是可以的。可想而知，这两种不同的表现会产生截然相反的结果。

你要鼓励孩子找到解决问题的办法，让孩子积极应对被拒绝。如果孩子想不出来应该怎样做，你就可以告诉孩子："你可以问问他什么时候可以跟你玩游戏。""你问问别的小朋友们可不可以一起玩。"当孩子尝试着自己去解决问题时，他因为被拒绝而产生的失落感就会慢慢消散了。

➡ 成果验收站

现在,请你结合日常生活为孩子创设一些情景,让孩子进行事前演习吧!相信经历了演习,孩子在实战中会表现得更好。

创设情景:

妈妈:"苗苗跟乐乐在玩跷跷板,你也想加入其中,但是跷跷板上没有你坐的地方了,他们也不想让你加入,此时,你会怎么做呢?"

教养·小贴士

当孩子被他人拒绝时,孩子没觉得这是件大事,你却开始为孩子鸣不平了。你的夸张反应会误导孩子,让孩子觉得如果被拒绝,就应该采取这种态度和方式。这样的想法不仅不利于孩子解决问题,反而会让孩子变得排斥他人,不利于孩子的人际交往。因此,你要调整好自己的心态,帮助孩子冷静地应对他人的拒绝。

太委屈？别让孩子成为受气包

问题大本营

我的儿子上小学四年级，昨天他在学校被老师批评了。放学回家后，他一直闷闷不乐的，跟我们聊天也是有气无力的样子。我问他老师为什么批评他，他说在数学考试的时候，有画图题，他画图的时候画错了一点，但是找不到自己的橡皮擦了，于是，他就向同桌借，结果老师就说他作弊。他说自己没有作弊，可是老师根本不相信，然后老师就让他一个人到讲台上答卷，免得他再想作弊。儿子说，老师这样做，弄得同学们都不喜欢他了，考试结束后，同学们一起玩游戏都没有带他玩。看他委屈的样子，我很心疼，但是我该如何帮助孩子解决此类问题呢？孩子再遇到类似的该事情怎么办呢？

孩子受到了委屈不知道如何处理，只会自己默默难过。如果你也不帮助孩子释放消极情绪，孩子慢慢就会变得怯懦、胆小，面对不公平的事情也不懂得争辩，而只会自己默默承受。有些孩子甚至会产生"我没做，你偏说我做了，那我就做给你看"的想法，从而走上错误的道路。这对于孩子的性格养成和身心发展都是不利的。因此，你要帮助孩子合理地释放消极情绪，教孩子懂得消除误会与委屈，让孩子在受了委屈后不再憋在心里。

➡ 技能训练课

在日常生活中，孩子受到委屈是在所难免的。因为做了某些事而被你责怪、被老师误会、被同学排挤，孩子都会觉得很委屈。当孩子感觉委屈时，你要帮助孩子排解情绪，化解孩子的委屈。你可以按照以下课程内容来做。

第一课：引导孩子说出事实

当你发现孩子情绪不对或是知道孩子受了委屈后，请你先理解孩子的心情与处境，让孩子的情绪慢慢平复，然后引导孩子说出事实，让孩子将自己的负面情绪释放出来。对孩子来说，你的倾听与理解是很重要的。此时，你千万不要给孩子讲大道理，而应该安慰孩子，宽慰孩子的心灵。

你也许会认为"这没有什么大不了的"，或是告诉孩子该如何如何做但如果你对孩子的委屈视而不见，不予重视则你，只会让孩子的心离你越来越远,让他不想对你讲述自己的经历。

当然,在孩子讲述事情的过程时,你不要表现出特别愤慨或者完全不为所动。如果你的情绪波动很大,孩子就会觉得这件事很严重,他很可能会因为避免受罚而选择隐瞒事实、故意说谎;而如果你一直很平静,孩子就会觉得你对这件事毫不关心,他自然也就没有了继续说下去的兴趣。

第二课:分析原因

当你知道了孩子受委屈的原委后,你就可以帮助孩子分析他受委屈的原因了。当然,很多受委屈的孩子都觉得自己做的事没错,是冤枉自己的人做错了,所以在分析原因时,很多孩子都会从自己的立场出发,而很少考虑到全局。因此,你要做好引导者的角色,让孩子发现自己行为的不当之处。

例如,你可以告诉孩子:"跟同桌借橡皮擦,如果是在平时并没有什么关系,但是考试时同学们都在安安静静地答题,这会影响其他同学。老师为了维持考场的秩序,所以就误会了你,你可以向老师说明原因,但你要知道,老师不是故意这样做的。"

让孩子试着从全局考虑,不再以自己的得失为出发点,他就会逐渐理解他人的行为,不再觉得自己受委屈是天大的事。

第三课:消除委屈情绪

当孩子认识到自己的行为有不对的地方后,你就要教给孩子处理事情的方法了。当孩子因为自己不经意间的行为而被他人批评时，你可以让孩子向对方解释清楚，消除了误会，孩子自然也就不会觉得委屈了。

你要宽慰孩子，不要因为孩子受了委屈就不分青红皂白地为孩子讨说法，更不要让孩子一个人面对，以免孩子将自己的委屈转化成愤怒，把自己的气撒在不该撒的地方。

➡ 成果验收站

现在，请你为孩子创设一些情景，让孩子尝试着自己解决问题吧！

创设情景：

（1）妈妈："你的作业本忘记带了，结果老师说你是因为没有写作业故意不带的，你感到很委屈。此时，你会怎么做呢？"

（2）妈妈："卫生间到处都是水，妈妈以为你是因为玩水才弄成这样的，于是批评了你，但实际上你是因为不小心把接水的盆打翻了，所以水才洒了一地。这时，你准备怎么做呢？"

教养·小贴士

孩子受了委屈是需要诉说出来的，你要让孩子感受到温暖，不应否定、呵斥孩子的行为。如果你不理解甚至误解孩子的行为，孩子在你这里得不到心理安慰，那么他以后遇到事情、受到委屈后，会不想告诉你，因为他觉得你不理解自己，告诉你后自己还是要被批评。因此，你要理解孩子的心情，做孩子的后盾，不要让孩子不敢跟你说自己的委屈。

第五章
寓教于乐，好成绩得益于良好的学习技能

孩子不爱学习，一读书就犯困？孩子不爱动脑思考，一遇到难题就求助你？孩子考试总是粗心大意，丢掉不应该丢的分？孩子学习没有方法，总是事倍功半？……你的孩子在学习中是不是也存在上述问题呢？其实，这主要是因为孩子没有掌握学习技能。因此你应当培养孩子的学习技能，寓教于乐，让孩子爱上学习，这样他才能取得良好的学习成绩。

好学不如乐学，让孩子爱上学习

问题大本营

我的儿子上小学二年级，他不爱学习，每天放学回家后就把书包往沙发上一扔，然后就想着要玩什么游戏，要找哪个小朋友玩，总是把作业抛诸脑后。他经常在睡觉前才想起来还有作业没写，然后匆匆忙忙地做作业，有时候甚至就不写了。老师也经常向我反映，说孩子做作业不用心，让我多看着点，可是我看着孩子的时候，他写作业依旧是慢慢吞吞的，我一催他，他就不想写了。我真不知道自己能做些什么。怎样才能让孩子爱上学习呢？

孩子不爱学习，不想做作业，主要是缺乏学习兴趣。我们常说"兴趣是最好的老师"，如果孩子没有学习兴趣，却仍然被你逼迫着去学习，则他自然是十分会反感、抵触。有些孩子甚至会将这种情绪转移到学习上，于是开始出现厌学现象。因此，你首先要激发孩子的学习兴趣。有了兴趣，孩子学习才有动力，在学习中才会主动而积极。

➡ 技能训练课

在现代社会，让孩子拥有主动学习的能力很重要。因此，你要激发孩子的学习兴趣，让孩子享受学习的乐趣，不再把学习看成一种负担。你可以通过以下课程内容来教育孩子。

第一课：赏识教育

充满信心地做事就能事半功倍。在孩子的学习方面，你要经常夸赞孩子，让孩子对学习有信心、有兴趣。有些父母觉得自己的孩子学习成绩很差，没有什么值得夸赞的。其实不然，孩子的学习不仅仅包括学习成绩，还包括坐姿、写字的工整度、做题的认真度等。你可以结合孩子的实际情况夸奖孩子，让孩子在你的赏识之下变得更好。

虽然说"骄傲使人落后"，但是如果你总是看不到孩子在学习方面的优点，而是抓住孩子的缺点不放，总是说孩子"这不行，那不对"，孩子就会越来越缺乏自信，对学习越来越不感兴趣。

第二课：游戏激励

游戏无疑是孩子最喜欢的项目之一，你可以将游戏与学习结合起来，寓教于乐，让孩子在游戏中体验学习知识的乐趣，从而激励孩子主动学习。

例如，孩子在学习认识时间时，你可以跟孩子玩"老狼，老狼，几点了"的游戏；当孩子在学习认识人民币时，你可以跟孩子扮演买卖双方，在买卖活动中让孩子认识钱；当孩子学习了成语故事后，你可以举办"家庭成语故事大赛"，家庭成员每人讲一个成语故事。相信通过这些有趣的游戏，孩子就不会觉得学习是一种负担了，他会更乐意学习新知识。

当然，游戏的内容与形式要符合孩子的实际发展需求，不应太难，以免挫伤孩子的积极性，但也不应太简单，以免孩子觉得没有挑战性，没有参与的兴趣。

第三课：营造良好的家庭氛围

家庭对孩子的影响是巨大的，你要为孩子树立良好的榜样，不要嘴上说着让孩子好好学习，自己却不想读书学习。当孩子在学习时，请为他营造一个安静的学习环境，如关闭电视、不大声说话等，更不要随便进入孩子的学习空间打断孩子。

你要知道，孩子只有体验到了学习的乐趣，才会更爱学习。你平时也应多读书，并将书中有意思的内容与孩子分享。孩子觉得读书有趣、有用，自然就会主动读书学习了。

➡ 成果验收站

现在，请你为孩子做好榜样，并在学习方面经常夸奖孩子吧！你也可以跟孩子玩一些寓教于乐的游戏，相信用不了多久，你的孩子就会对学习产生浓厚的兴趣。

教养小贴士

当前,很多父母为了不让孩子输在起跑线上,就给孩子报了很多课外辅导班、特长班,这无疑加重了孩子的学习负担。在你的期待与学习的压力下,孩子对学习自然提不起兴趣,甚至会厌学,不想去学校。这会影响孩子的学习效果。因此,你应该尊重孩子的意愿,不要在学习方面给孩子施压,不要让孩子把学习当成一种负担,而应该让孩子享受学习的过程,在学习中体验收获的乐趣。

陪孩子一起思考"为什么"

> **问题大本营**
>
> 我的女儿已经上三年级了,她在学习方面有一个问题,就是不爱思考。一遇到自己觉得难的题目,她根本都不好好想想,直接就想让我们告诉她答案。如果我们让她自己做,她就选择放弃。现在孩子学习的内容还不是很难,所以这种学习方式对成绩的影响还不大;但是随着学习内容的加深,如果孩子继续不爱思考,成绩肯定会下降的。而且,在学习上不爱思考,孩子的思维能力就很难得到发展,对以后的生活也会有影响。我要怎么做才让孩子变得爱思考呢?

孩子不爱动脑思考,一遇到难题就求助你,这是一种偷懒的表现,不利于孩子思维能力的发展。你要鼓励孩子多思考,陪孩子一起探索问题的答案,培养孩子的思维能力。随着孩子学习内容的加深,很多父母都无法解答孩子的问题,于是面对孩子提出的"为什么""怎么做",你只能说"不知道""别问我"。其实,不管你是否可以解答孩子提出的问题,你的态度,对孩子来说,都是至关重要的。你要保护孩子的好奇心与求知欲,不要扑灭孩子心中探索的火苗。

➡ 技能训练课

当孩子向你提出问题时,你是告诉孩子"长大了就懂了",还是详细解答呢?你对待孩子提出的问题的态度会影响孩子学习的积极性。面对爱提问、爱思考的孩子,你要耐心地回答孩子的问题,并鼓励孩子多提问、多思考,培养孩子的思维能力。

第一课:鼓励提问

我们都知道"学而不思则罔,思而不学则殆",思考与学习是密不可分的。而质疑是思维的源泉,孩子提问说明他在动脑思考,因此,当孩子提出问题时,你可以先肯定孩子:"你能提出这个问题,说明你在用心思考,你真棒!"面对孩子提出的问题,你既不要拒绝回答,也不要直接告诉孩子答案,而应该引导孩子慢慢探索答案。

如果你无法回答孩子提出的问题,则你可以直接告诉孩子自己也不清楚,等查到资料后再告诉孩子,或者让孩子跟你一起查阅相关资料,共同找出问题的答案。

你认真对待孩子的提问,孩子在学习时也会更积极地思考,在遇到不懂的问题时自然也愿意请教你。

第二课：向孩子求教

你偶尔可以扮演求知者的角色，向孩子求教，这会让孩子产生一种成就感与自豪感。如果孩子无法回答你提出的问题，他就会积极地思考，并努力找到答案。

而且，在学习的过程中，如果孩子总是提问者，你总是解答者，孩子就会产生自己处于弱势的想法，久而久之，孩子可能就不想再提问了。而你向孩子求教，恰好可以平衡孩子的这种心理，让孩子有求知的动力。

第三课：捕捉生活中的问题

你不应仅仅在学习的过程中培养孩子的思维能力，还应在生活中进行渗透与培养。当孩子提出生活中的问题时，你应给予详细的解答。如果孩子没有提出问题，你也可以提出问题引起孩子的思考，如，"为什么夜来香只在晚上开花？""是先出现闪电然后再打雷吗？"

日常生活中蕴含着很多智慧，你要培养孩子善于发现、善于提问的能力，让孩子可以主动、积极地思考生活中的问题，培养孩子的思维能力。

➡ 成果验收站

现在，请你找找适合孩子的话题，跟他讨论一下吧！如果孩子有疑问，一定要耐心地解答。相信在你的肯定与鼓励下，孩子的思维能力定会有所提升的！

教养小贴士

如果你觉得孩子提出的问题很难回答，则你可以直接告诉他"这个问题很复杂，我需要想一想"，但是你不应对孩子撒谎，故意欺骗孩子，不然当孩子知道正确的答案后，他会觉得你不可信赖，因而不再相信你。你要保护孩子的好奇心与求知欲，鼓励孩子多问"为什么"，并在行动上给予孩子支持，让孩子在提出问题、探索答案的过程中逐渐成长。

开启头脑风暴,鼓励孩子"异想天开"

问题大本营

我的儿子5岁了,他很听话,不像同龄孩子一样淘气,但是最近,我发现孩子的想象力和创造力都很差。前几天,儿子生日的时候,我邀请了他的几个好朋友来家里玩,吃完蛋糕后,孩子们便玩起了"我问你答"的游戏。游戏的规则很简单,就是大家轮流问问题,其他人都要给出不一样的答案,如果说出跟其他人一样的答案,则要被淘汰出局。小朋友们玩得都很开心,但是我儿子总是被淘汰,轮到他回答问题时,他总是要想很久,有时候甚至什么答案都想不出来,我在一旁看着也只能干着急。别的小朋友的答案都充满了想象力和创造力。我很担心,儿子的想象力这么差可怎么办呢?

有些孩子的发散思维能力较差,他们在遇到问题时只有一个思路,只能从一个方面想办法。这种狭隘而局限的思维方式不仅会影响孩子的学习成绩，还会影响孩子今后的工作和生活。因此，你要鼓励孩子异想天开，让孩子在奇思妙想中不断发散思维，提高孩子思维的灵活性与创新性。

➡ **技能训练课**

发散思维不是一朝一夕就可以形成的。你要在日常生活中教育孩子，让孩子改变自己固有的观念，试着从多个角度去思考。

第一课：一个问题有多个答案

也许在孩子的眼中，对就是对，错就是错，但是你要让孩子知道问题的正确答案不是只有一个，鼓励孩子从多个角度、多个方面去思考。例如，在切苹果时，除了竖着切还可以横着切。

学习就是一个不断思考的过程，你要鼓励孩子提出不同的问题，让孩子在思考的过程中碰撞出新的思维火花。当孩子的学习遇到瓶颈时，你可以跟孩子一同开启头脑风暴，激活孩子的思维。

第二课：故事改编

改编故事是孩子比较喜欢的活动之一，这个活动既富有趣味性，又能锻炼孩子的想象力与发散思维。

你可以让孩子改编一些童话故事，将千篇一律的故事变得更有意思。如在《小红帽》的故事中，你可以让孩子想一想"如果小红帽在森林中遇见大灰狼的时候就知道它是大灰狼会怎么样"；在《白雪公主》的故事中，你可以让孩子想一想"如果白雪公主没有吃下坏皇后的毒苹果会怎么样"。当然，故事的发展要让孩子自己去想象，让孩子为这些童话故事创造不一样的结局。

你应注意：如果孩子知道如何改编，你就不需要再提醒孩子，以免限制住孩子的思维；如果孩子不知道应该如何改编，你就可以给予提示，然后让孩子按照自己的思路与想法去创造、改编。

另外，你也可以给孩子讲一些只有开头的故事，让孩子自己去想象故事的发展与结局，发展孩子的想象力。

第三课：创新游戏

同样一个游戏，玩的时间长了，孩子就知道了诀窍，慢慢就不会再动脑了，思维能力也就难以在游戏中得到提升，因此，你可以跟孩子玩一些锻炼思维的游戏，让孩子的思维变得灵活。

例如，你可以跟孩子玩"喊口号做动作"的游戏，不过做的动作要与喊的口号完全相反。比如，口号是"坐下"，孩子则要"起立"；口号是"举左手"，孩子则要"举右手"。你也可以跟孩子玩"成语接龙"的游戏，并规定时间，为了降低难度，同音不同字的成语也可以。在游戏中，孩子的大脑会快速地转动，孩子的发散性思维自然也就得到增强了。

➡ 成果验收站

从现在开始，跟孩子多玩一些有创新性的小游戏吧！相信孩子在游戏中的表现会越来越好的，他的思维也会越来越活跃的！

教养小贴士

如果在黑板上画一个圈,你觉得会是什么?很多成人的答案都是"圆",而孩子的答案五花八门,有"太阳""西瓜""皮球"等。成人的答案虽然更接近标准答案,但显得单调呆板,而孩子的答案充满了想象,更为有趣。

对成人来说,很多事情都已经习以为常,并逐渐形成了思维定式,因此,在碰到一个问题时,成人很少从另一个角度去思考,而孩子尚未形成思维定式,他在看待问题时有发散性的思维,这有利于孩子今后想出更好的方法解决问题。因此,你不要试图让孩子全听自己的,不要阻止孩子的异想天开。

找到粗心点，不做马大哈

问题大本营

我的儿子9岁了，他在学习上很粗心，在考试时经常因为粗心而丢分，不是把"+"看成了"÷"，就是把"3"写成了"5"；写汉字的时候不是多写了一横，就是少写了一点。几乎每张试卷上都有因为粗心而失分的现象：语文试卷上经常出现"多胳膊少腿"的汉字，数学试卷上的数字总是一言不合就变身……据老师反映，孩子在平时做题、写作业时就马马虎虎的，说他不会做这些题吧，他又会，说他会做这些题吧，他又总是做错。孩子学习这么粗心，我要怎么帮助孩子改正这个坏习惯呢？

你的孩子在学习时是不是也有粗心的毛病呢？孩子在学习上不认真，总是因为粗心而做错题，长此以往，孩子就会在不知不觉中给自己贴上"粗心"的标签，认为粗心大意是自己的习惯，是很正常的，于是对于要改正这种坏习惯也就不以为意。其实，孩子粗心不仅会影响学习成绩，还会影响孩子今后的生活和工作。因此，你要纠正孩子的这种错误想法，让孩子远离粗心，不再做学习中的"马大哈"。

➡ 技能训练课

粗心是学习的大忌，也是很多孩子失分的主要原因。对大多数孩子来说，因为粗心而失分非但不丢脸，反而会让他们感到自豪，他们会觉得"这些题目我是会做的，只要认真一点，就不会丢分了，我比那些不会做的同学强多了"。在这种心理的暗示下，孩子就会忽视自身的粗心问题。你平时要让孩子养成认真细心的好习惯，让孩子掌握学习技能。

第一课：自己检查

现在很多人都陪着孩子做作业，成了孩子的检查帮手。有了你的把控，大多数孩子都只管做题，想要尽快做完，而不管做得对不对，这就增加了孩子马虎的概率。

因此，你要让孩子学会自己检查。在孩子写完作业后，你要让孩子从审题到运算步骤都检查一遍，也可以从结果逆推到题干进行检验。因为孩子进行自我检查的过程也是消化知识的过程，所以你不要代劳。

第二课：重质量，轻数量

写作业，对大多数孩子来说，都是一种负担，他们都想尽快把作业写完，然后做自己想做的事情，比如看电视、出去玩等。因此，孩子在做作业时就可能忽视质量，而一味求快。在这种情况下，孩子把题目看错或者把字词写错也就是很正常的事情了。

如果你的孩子存在这种心理，那么请你改变你的教育方式，不要再对孩子说"你把作业写完就可以看电视了"，而应该对孩子说"你把作业都做对才能看电视"。让孩子重视作业的质量，专心地做作业，才会减少他因为马虎而出错。孩子养成了认真细心的学习习惯，在考试时也就不会因为粗心而丢掉不应该丢的分了。

第三课：责任意识培养

孩子学习时太粗心，总是因为马虎而出错，这是缺乏责任心的表现。你可以培养孩子的责任心，让孩子懂得为自己做的事情负责。

例如，你可以让孩子立"军令状"，如果孩子因为粗心而做错题，则要受到一些惩罚，如减少零花钱或者取消当周的出游计划；你也可以将生活中的一些"大事"交给孩子，如让孩子整理统计自己每月的支出，包括玩具、零食等的费用支出，以及月末的结余，并与月初的零花钱数做对比。这些与孩子生活息息相关的事情，会让孩子更加用心，孩子的责任感也会慢慢增强。

当然，你也可以给孩子讲一些因为粗心而造成恶劣影响的故事，让孩子知道粗心是个坏毛病，一定要改正。

➡ 成果验收站

从现在开始，按照以上方法帮助孩子改掉粗心的毛病吧！孩子粗心大意的习惯是一点一点积累起来的，要改掉也不是一两天就能见效的。请你不要着急，帮助孩子渐渐改掉坏习惯吧！

教养·小贴士

孩子写作业不认真，经常写错或做错，草稿纸上书写潦草，胡画乱写，检查时找不出问题，粗心马虎性子急，这都是孩子在学习中的不良习惯。你要让孩子养成良好的学习习惯，让孩子牢记"写就争取写对，不要随便乱写"。

另外，你还要注意，有些孩子认为做错了题目就是笨，于是为了不想承认自己"笨"，便会拿粗心当借口，说是因为粗心才做错了。请你仔细甄别你的孩子到底是"粗心"还是"不会"。

磨刀不误砍柴工，学习方法是一把锋利的斧头

> **问题大本营**
>
> 我的儿子上小学五年级，他的语文成绩很好，但数学成绩很差。为了提高数学成绩，儿子每天晚上都做数学应用题，但是收效甚微。考试的时候，如果碰到他做过的原题，他就能做对；但是如果将原来的题目变个形式，或者只是将题目中的数字变一下，他就不知道该怎么做了。我知道，儿子一味地追求做题的数量，而不探究问题的本质是不行的，但是我给他讲题时，他总是不耐烦，我该怎么办呢？

孩子追求做题的数量，而不探究问题的本质，这看似是节省时间，但实质上是在浪费时间。这就相当于拿斧头砍柴，如果你嫌磨斧头浪费时间，而不把斧头磨锋利，砍柴时就会耗费更大的力气，使工作进展缓慢；而把斧头磨锋利后再砍柴，砍柴时就不会那么费劲，速度也会加快。学习方法就是一把锋利的斧头，孩子掌握了学

习方法，在学习中就可以达到事半功倍的效果。

➡ 技能训练课

我们常说："授人以鱼不如授人以渔。"，你要教给孩子学习的方法，让孩子学会学习。对孩子来说，掌握了学习方法与技巧，他在学习中才会游刃有余。要让孩子掌握学习方法，你要教孩子认识到以下几点。

第一课：不懂就要问

"知之为知之，不知为不知，是知也。"很多孩子在遇到自己不懂的问题时，都不好意思提出来，因为他觉得自己说不懂就代表了自己笨，就会被其他同学轻视，于是在课堂上，很多孩子就成了滥竽充数的南郭先生。你要让孩子知道承认自己不懂并不代表笨，而是勇于求知的表现，是值得赞扬的。你也可以联系孩子的老师，让老师表扬积极提问的学生，从而让孩子做到不懂就问。

在日常生活中，你要给孩子树立榜样。如果孩子提出了新的观点，你可以以好奇又无知的心态提出问题，让孩子知道不懂就要问，提问并不丢脸。

第二课：养成良好的学习习惯

良好的学习习惯可以让孩子的学习更高效，但学习习惯的养成是一个循序渐进的过程，你不要操之过急。你应在一点一滴中培养孩子，让孩子养成良好的学习习惯，为提高学习成绩奠定良好的基础。

良好的学习习惯不仅包括课前预习、上课认真听讲、记笔记、主动思考和提问、课后按时完成作业、主动复习等，还包括学习物品摆放整齐、在生活中勤观察多思考、积累生活中的所见所闻等。你要让孩子懂得从日常生活中学习，将生活中的事情和课堂上的学习结合起来，将知识加以灵活地应用，而不仅仅将孩子的学习局限在课本上。

例如，外出坐车时，你可以让孩子谈一谈关于"两车相向而行"和"两车相背而行"的问题；你也可以考一考孩子某个店铺的名字，如果孩子遇到不认识的字，则父母可以告诉孩子。将孩子的学习融入日常生活中，学习过程既充满了乐趣，又具有实用价值，从而培养出孩子学以致用的意识。

第三课：举一反三

很多学习内容都是万变不离其宗的，因此，在学习中具备举一反三的能力可以让孩子少走冤枉路，实现高效学习。

认真观察、主动思考无疑是探究问题本质的主要方式，在孩子学习时，你要多启发孩子，让孩子不仅"知其然"，更要"知其所以然"。例如，孩子在课外学习成语时，你可以给孩子讲对应的成语故事，这样不仅便于孩子记忆，还让孩子的学习过程充满乐趣。孩子真正理解了成语的含义，自然就不会误用、乱用了。

➡ **成果验收站**

现在，请你一点一点培养孩子的学习习惯吧，相信孩子掌握了这些基本的学习方法后，他的学习成绩一定会有所提升的！

教养·小贴士

学习能力是孩子步入社会的竞争力。孩子只有具备很强的学习能力，才能适应快速发展的社会。因此，你要让孩子学会学习，而不仅仅关注孩子是否学会了知识。请你不要再以做了多少道题来衡量孩子的学习成果，而应关注孩子是否掌握了所学的内容，是否可以做到融会贯通。

学会总结,建立学习"检修站"

问题大本营

我的女儿上小学三年级,她学习很认真,也很勤奋,但学习成绩一直在班里居中。我联系了她的各科老师,老师们都提出了女儿在学习中的一个问题——不总结。碰到不会做或做错的题目,女儿会很积极地改正,但是由于她不总结,过一段时间,她又会犯类似的错误。我告诉女儿要及时总结,结果女儿总是说总结太浪费时间,况且她已经把不会的题目弄懂了。我该如何纠正女儿的这种错误想法呢?

相信很多人都有同样的困惑。虽然我们知道总结的重要性,但是孩子觉得弄懂就行了,没必要再花时间去总结。于是,孩子虽然当时把不懂的地方弄懂了,但是由于没有总结归纳,因此经过一段时间后,他很可能就忘记了,又会犯同样的错误。正是孩子的这种想法,导致他的成绩难以提高。其实,总结的过程也是一个查漏补缺的过程，可以帮助孩子将所学的知识构建成一个完整的体系。因此，你要让孩子重视总结，提高孩子的学习技能。

➡ 技能训练课

总结可以帮助孩子及时发现自己还没有掌握的内容，有助于孩子扫除学习中的障碍，而且，经常总结还可以加深孩子对所学知识的记忆。缺乏总结的学习过程是不完整的。你要让孩子学会总结，并主动进行学习总结。大多数孩子不想总结是因为他们不知道该如何总结。你可以引导孩子从以下几个方面进行总结。

第一课：总结收获

不论孩子的学习成绩如何，他付出了努力，自然就有所收获，因此，你首先要让孩子学会总结自己的收获，比如，今天认识了哪些汉字，学了哪些词语；这个星期学习了几个英语句子，该怎样用英语问路。通过总结，孩子可以看到自己的进步，他自然也就更乐于继续努力学习。

你要注意：请充分地尊重孩子，肯定孩子的进步，不要觉得孩子努力学习是理所当然的事情。你的关注与肯定会增加孩子学习的信心，提高孩子的积极性。

第二课：总结不足

总结的主要目的是让孩子发现问题并及时改正问题，因此，让孩子总结自己在学习中的不足是十分重要的。但实际上，很多孩子在总结不足时往往避重就轻，不肯承认自己在学习方面的短板，而找一些其他的理由，比如，孩子数学成绩差，他可能会说自己马虎做错了，不是不懂；孩子语文汉字写错了，他可能会说自己一着急就写错了，但实际上这是孩子基础知识薄弱的表现。因此，当孩子在总结时，你要引导孩子清楚地认识到自己的不足，不要让孩子欺骗自己。

第三课：提出畅想

总结的第三步是提出接下来的学习目标，你要引导孩子制定具体可行的目标，让孩子有学习的动力，有努力的方向。

我们都知道"一口吃不成胖子"。很多孩子在设立目标时往往好高骛远，不考虑实际情况，因此，你要为孩子的目标把关，以免孩子因无法实现目标而产生消极放弃的心理。

总结反思是孩子学习过程中不可或缺的重要部分，你要鼓励孩子进行总结，让孩子养成经常总结的学习习惯。总结可以针对一道题、一张试卷、一个单元。如果孩子的学习基础扎实，你可以让孩子分阶段进行总结，如每学完一个单元总结一次；如果孩子的学习基础较薄弱，你就应让孩子随时总结，帮助孩子克服学习中的困难，弥补学习中的不足。

➡ **成果验收站**

现在，请你让孩子总结一下近期的学习状况，并以此为基准，对比下孩子在一个星期或一个月后的学习情况。

教养小贴士

在学习时学会总结,这是孩子应该掌握的一项学习技能,你不应代劳。当孩子不知道如何总结时,你可以提醒孩子:"你今天学习了什么内容?""你又碰到了哪些难题?"你也可以让孩子准备一个错题本,将自己做错或不会做的题都写到错题本上,并写下自己做错的原因及正确的解题思路。这样,当孩子再次翻看错题本时,他就能避免再犯同样的错误。

不要让孩子输在考试心态上

> **问题大本营**
>
> 我的女儿学习很努力，平时老师布置的课堂测验和家庭作业她都完成得很好，但考试成绩总是一塌糊涂。女儿告诉我，每次考试前她都会很紧张，吃不好，也睡不好。她也为自己的这种情况着急，可是越着急，考试时就越紧张。怎样才能让女儿在考试中正常发挥呢？

孩子心态差，考试前经常会紧张、焦虑，这是让很多人和孩子都十分苦恼的事情。如果孩子长期处于这种紧张、焦虑的状态之中，学习效率就会下降，进而导致考试成绩更加不理想，影响孩子的学习积极性和自信心，有些孩子甚至会厌学。因此，你要帮助孩子缓解这种消极情绪，让孩子保持良好的学习心态，保证孩子进行高效的学习。

➡ 技能训练课

在学习中出错,在考试中失败,这些都是很正常的事情。你要让孩子保持良好的心态,正确面对学习中的失败。你可以通过以下方式教育孩子。

第一课:考砸了也没关系

大多数孩子都很在意考试成绩,一旦考不好,他们便会闷闷不乐,长此以往,孩子便会抵触甚至恐惧考试。这会影响孩子今后的学习与生活。因此,你要让孩子知道"考砸了也没关系,考试只是检验学习成果的一种工具,成绩并不能判断一个人是否聪明"。

当然,你也不要过于关注孩子的考试成绩,不要在孩子考好的时候就笑脸相迎,考得差的时候就让孩子加倍做作业,否则会给孩子造成很大的心理负担,让孩子在考试时无法正常发挥。

第二课:接纳紧张

在考试、测验时,孩子有紧张心理是很正常的,这表明孩子有上进心,重视自己的学习。因此,当孩子有紧张、焦虑等情绪时,你不必要求孩子"别紧张",而可以对孩子说:"你感到紧张、焦虑是很正常的,我上学的时候也有这种感觉呢!"让孩子试着接纳自己的紧张情绪,孩子就不会放大自己的负面情绪了。

如果孩子在考试前情绪很差,吃不好饭,睡不好觉,有很严重的"考前综合征",则你可以试着带孩子去放松,做一些孩子感兴趣的活动,转移孩子的注意力。

第三课：模拟考试

我们常说"习惯成自然"，你可以让孩子进行模拟考试，让孩子对考试产生"免疫"。模拟考试虽然不像孩子在学校里的考试那样正规，但也应该给孩子限定时间。

你每天都可以让孩子进行模拟考试，例如，给孩子的家庭作业限定时间，并写上相应的分数，让孩子把做作业的过程也当作考试。当孩子在"考试"时，请你保持"考场"的安静，并尽可能地看着孩子，让孩子有考试的感觉，并认真地对待每一次模拟考试。

孩子经历了多次模拟考试，他慢慢就会对考前的紧张情绪产生免疫力，在正式考试时也就不会因为紧张、焦虑而掉链子了。

➡ **成果验收站**

如果你的孩子也会出现"考前综合征"，则请你尝试以上几种教育方法吧！慢慢来，相信你一定会帮助孩子克服考试障碍的！

教养·小贴士

其实，考试没考好只是孩子成长路上的一个小挫折，你不要小题大做，更不要因此责怪孩子不好好学习。请对孩子多一些理解与肯定，帮助孩子化解考试压力，让孩子轻松应考，快乐学习。

第六章

扩展朋友圈,良好的社交技能让孩子一生受益

在当代社会,良好的社交能力是孩子通往成功的必备素质之一。孩子只有懂得交际,善于与人交往,才会得到更多人的帮助与喜爱;而不善交际,在日常生活中缺少朋友,与人相处时会处处碰壁,就会影响孩子性格的形成和个性的发展。你要培养孩子的社交技能,扩展孩子的朋友圈,让孩子成为社交小达人。

神奇的社交礼貌用语

问题大本营

我的儿子上小学二年级，昨天，他跟一个同学发生了矛盾。儿子要跟同学借彩笔，但是那位同学自己也在用，于是儿子便随口说出一句："不借就不借，谁稀罕哪！"听到这话，那位同学觉得很憋屈，于是他为自己辩解了几句："我没说不借，我自己正在用呢，用完再借给你不行吗？""哼，小气鬼！"儿子随口又说了一句。就在你来我往的争吵中，两个孩子打了起来。我知道这次矛盾的主要责任在我儿子，他说话时总是没礼貌，不尊重别人，我该怎样教导他呢？

孩子在与人相处时没礼貌，这看似是一个小问题，其实会对孩子今后的发展产生很大的影响。如果孩子不懂得使用社交礼貌用语，朋友们就会渐渐地远离他，孩子甚至会养成孤僻自卑的性格。因此，你要教孩子使用礼貌用语，从而让孩子成为社交朋友圈的红人。

➡ **技能训练课**

很多人都希望自己的孩子在与人交往时可以讲文明、懂礼貌，但是又不知道该如何教导孩子。你可以按照以下方法对孩子进行训练。

第一课：学会使用礼貌用语

你要将经常使用的礼貌用语告诉孩子，并在日常生活中多使用这些礼貌用语，为孩子做好榜样，让孩子在潜移默化中习惯使用礼貌用语，成长为有礼貌的小朋友。

常见的礼貌用语如下。

◆见面语：你好、您好、早上好、下午好、很高兴认识你等。

◆感谢语：谢谢、拜托了、麻烦你、感谢您的帮助等。

◆感谢语回复：不用谢、不客气等。

◆致歉语：对不起、请原谅我、很抱歉、不好意思等。

◆致歉语回复：没关系、不要紧、不用放在心上等。

◆告别语：再见、拜拜、一路顺风、欢迎再来等。

第二课：做到"三不说"

在与人交往中，孩子除了要会说这些礼貌用语外，还要知道哪些话是不能说的。你要让孩子做到"三不说"。

（1）不说粗俗话

言语粗俗、满口脏话是没有礼貌的语言，你要禁止孩子说脏话。当孩子说脏话时，你要及时制止孩子，并告诉他这是不对的，从而杜绝孩子说脏话的行为。

（2）不说隐私话

很多孩子都是"大喇叭"，不懂得保护别人的隐私、为他人保守秘密，因此，你要告诉孩子，涉及别人隐私、秘密的话不能乱说，否则会让别人受到伤害。如果孩子是在无意中得知了某个秘密，即使对方没有要求他保守秘密，你也要让孩子守口如瓶，保护他人的隐私。

（3）不说忌讳话

对身体有缺陷或者有某些缺点的人来说，这些缺陷、缺点就像是他们心中的一根刺，别人提一次，他们的心就会痛一次。因此，你要教导孩子尊重他人，不拿他人的身体缺陷或缺点来说事，更不要在背后议论他人，这是有礼貌的表现，也是有道德的表现。

第三课：情景演练

在孩子知道自己在与人交往时应该说什么、不应该说什么后，你可以与孩子进行情景演练，让孩子在练习中熟练地应用这些社交礼貌用语。在孩子说了不应该说的话后，你可以双手交叉放在胸前，提示孩子说错了，并让孩子道歉。

➡ 成果验收站

现在，请你为孩子创设一些情景，来检验孩子的学习成果吧！

常见的情景:

◎妈妈:"你把语文课本落在家里了,上语文课时,你的同桌主动把课本借给你看,你会说什么呢?"

◎妈妈:"有个小朋友摔伤了一条腿,走路一瘸一拐的,同学们都叫他'小瘸子',你会怎么做呢?"

如果孩子还没有认识到这些礼貌用语的重要性,则你可以让孩子学习换位思考,用孩子亲身体验过的事情对其进行教育,相信一定能收到很好的效果。

教养·小贴士

在与人交往时,礼貌用语可以传达出善意,从而与人搭建出一条沟通的桥梁。你要让孩子知道说文明礼貌用语的意义,而不仅仅是让孩子将这些礼貌用语说出来。当孩子不想跟别人打招呼时,请不要再对孩子说:"真没礼貌,见到叔叔阿姨怎么不问好呢?"当孩子接受他人的帮助没有道谢时,请不要再说:"快点谢谢阿姨,别没礼貌。"要知道,在他人面前这样说孩子,本身就是一种不礼貌的行为。你要尊重孩子,让孩子自然而然地流露出礼貌,而不是在你的强迫下有意为之。

太害羞？创造孩子与别人交往的机会

问题大本营

我的女儿4岁了，由于我和她爸爸工作都比较忙，因此之前一直是爷爷奶奶帮忙带。现在她已经到了上幼儿园的年纪了，于是我们就把女儿送到了幼儿园。但是没过几天，幼儿园老师就给我打电话，说女儿在幼儿园不敢与人交往，总是独自待着，有小朋友要跟她一起玩，她也是低头不语，还显得很紧张焦虑。老师建议我们多陪陪女儿，还说必要的时候可以对女儿进行心理辅导。我很纳闷：女儿平时很开朗，跟我们在一起时也是有说有笑的，为什么到幼儿园后就变了一副模样呢？我要怎样开导女儿呢？

孩子不敢与他人交往，在与人交往时出现紧张焦虑的情绪，这些是孩子过于害羞的表现。如果孩子长期生活在自己的小天地中，不接纳新的朋友，他就很可能会变得自闭、自卑。这会影响孩子的心理发展。你作为孩子的第一任老师,要为孩子创造与他人交往的机会,让孩子逐渐克服害羞心理,构建自己的朋友圈,与朋友们和谐友好地相处。

➡ 技能训练课

因为有些孩子在与人交往时会因为害羞而不知所措,不知道应该说哪些话,做什么事,所以,你可以让孩子提前练习,为交到新朋友做好准备。你可以采取以下方法帮助孩子。

第一课:学习开场白

开场白是孩子交到新朋友的第一步。你可以让孩子想一想见到一个新同学、看到小朋友在玩游戏或者被邀请一起玩时,他可以说些什么,并将常用的开场白写到纸上,与孩子进行排练。孩子在尝试了多次"搭讪"后,在面对新朋友时就不会那么害羞了。

如果孩子不知道应该怎样"搭讪",则你可以教给孩子一些简单的开场白。但要注意,孩子们的开场白通常简单直接,如,"你要玩我的玩具吗?""你好,我可以跟你们一起玩吗?"你不必先让孩子来个成人式的自我介绍,要知道,他在游戏的过程中就会慢慢熟识了。

第二课:打造朋友圈

朋友是孩子人生路上不可或缺的重要角色。你应该鼓励孩子打造自己的朋友圈,丰富孩子的社交活动。

在周末或是节假日时，你可以让孩子邀请同学来家里做客，让孩子当小主人招待他们，并组织一些活动，在熟悉的环境中，孩子会表现得很积极。你也可以给孩子买一些俩人或俩人以上玩的玩具，如乒乓球、沙包等，或者教孩子玩一些多人游戏，如木头人、老鹰捉小鸡、萝卜蹲等。这样，当孩子想玩玩具或做游戏时，他就会产生主动邀请他人的意识。随着彼此慢慢地熟悉，他们之间的感情也会越来越深厚，孩子在与人交往方面也会越来越自信。

第三课：参加户外活动

很多好朋友都有相同的兴趣爱好，喜欢相似的活动，这也就是我们常说的"有共同语言"。你可以带孩子多参加一些户外活动，让孩子去寻找与自己"有共同语言"的朋友。

如果你的孩子喜欢游泳，你就可以为孩子报游泳班，等孩子学成之后经常带他去游泳场，让他在自己喜欢的运动中结识新朋友；如果你的孩子很喜欢出去玩，那么你可以带孩子走得远一点，让孩子在旅行途中接触更多的小朋友。孩子见的人多了，胆子自然会大起来，在与人交往时也就不会因为害羞而无所适从了。

➡ 成果验收站

现在，请你与孩子扮演两个互不相识的小朋友，让孩子与你搭讪吧！如果孩子的表现没有你想象中的那么好，你也不要着急，慢慢来，相信在你的指导与鼓励下，孩子的社交技能会有所提升的！

教养小贴士

　　你要给予孩子充分的尊重与信任,不要因为孩子害羞,就代替他说出本应由他自己说的话,也不要在孩子表现出害羞时说出"这孩子就是害羞"这样的话,以免孩子产生"我就是害羞,所以有这种表现是正常的"这样的想法。请你多给孩子一些鼓励,让孩子自己与小朋友交流,鼓励孩子去搭讪,让孩子打造自己的朋友圈。当孩子被拒绝时,你可以鼓励孩子做新的尝试,而不要将焦点都集中在已经过去的事情上。

尊重、接纳同伴，不当"小霸王"

问题大本营

我的女儿上幼儿园大班，由于她活泼开朗，所以跟幼儿园的小朋友们相处得很好，每天上学放学她都开开心心的。但是昨天我去幼儿园接女儿时，女儿闷闷不乐的，我问她为什么不开心，她说："老师让我们分组进行角色扮演，我所在的小组要演《白雪公主》的故事，我想当白雪公主，可是其他人总跟我争，还说以前每次都是我先挑角色，这次让我最后一个挑。我不同意，结果他们告诉了老师，老师也向着他们，那我只能扮演又丑又坏的皇后了。我不演了。"女儿说着就要哭起来了。我告诉女儿要懂得尊重他人，不能太任性，可是一点效果也没有。

你的孩子在与人交往时是不是也经常任性妄为呢？当孩子的老师或小伙伴对你说你的孩子欺负人时，你会有什么反应呢？不相信,还是不由分说地责备孩子一顿?其实,孩子表现出欺负人的行为并不代表他就是个坏小孩。请你坦然接受这个事实,并对孩子进行正确的教育,别让孩子在不知不觉间成为"小霸王"。

➡ **技能训练课**

小孩子在一起争抢打闹是正常的现象,你不必过于敏感,将孩子间的小摩擦看得太严重。但是,如果你的孩子过于以自我为中心,总是让其他人听自己的,不接受他人的意见,甚至经常通过简单粗暴的方式达到自己的目的,那么他很可能会成为"小霸王"。你可以通过以下方式教育孩子。

第一课:行为教育

所谓行为教育,就是让孩子知道自己的行为是对还是错。很多孩子都是按照自己的想法做事,很少考虑这样做对不对。因此,你要让孩子知道在与人交往时哪些行为是正确的,是值得鼓励的;哪些行为是不对的,是需要避免的。为了加深孩子的记忆,你可以与孩子将"可以做的行为"与"不可以做的行为"列到一张表格中,并对照表格为孩子每天的行为打分,如确定基准分为10分,出现好的行为则加1分,出现不好的行为则扣1分。

此外,了解孩子不好的行为的诱因也很重要。当孩子出现不好的行为时,你要问问孩子为什么会想到用这种方式去解决问题,为什么不尝试着沟通交流等。当知道了原因后,你就可以减少这种诱因，如动画片中的攻击镜头、亲戚朋友的错误示范等，从而让孩子远离类似的环境。

第二课：多问"为什么"

孩子出现霸道行为，他自己很可能并没有意识到，但这确确实实会伤害到其他的小朋友。因此，你要告诉孩子，当他与小朋友们僵持不下时，他首先要多问自己几个"为什么"。

例如，孩子坚持自己扮演白雪公主，而其他小朋友不同意时，孩子可以问自己："为什么他们不同意我扮演白雪公主呢？""为什么我一定要扮演白雪公主呢？""为什么我不能等到下一次再扮演白雪公主呢？"……孩子的脑中浮现出这些问题，心中有了明确的答案后，他就会尊重其他人，接纳其他小朋友的意见。

第三课：同理心训练

没有同理心的人会将自己的想法强加给别人，而有同理心的人则会认真倾听他人的想法，理解他人的立场。因此，培养孩子的同理心可以让孩子更好地与小朋友相处。

在游戏中培养孩子的同理心是比较好的方式，你可以与孩子玩配音游戏，即选择孩子喜欢看的动画视频，在电视中静音播放，你和孩子要对照字幕分别为其中的角色配音，但配音要符合那个角色当时的心情、感受，不能机械地读完字幕。经过多次练习，孩子慢慢就会懂得理解他人的感受。

另外，你也可以跟孩子玩一些其他游戏，如让孩子当老师，你分别扮演霸道的小朋友和委屈的小朋友，让"老师"处理矛盾。正所谓"当局者迷，旁观者清"，孩子置身事外，会对事情有全局的把控和全面的认识。这样，当他再置身其中时，他就会试着理解其他人的感受了。

➡ 成果验收站

现在，请你按照以上方法对孩子进行教育吧！相信不久之后，你的孩子就会成为人见人爱的小明星，受到小朋友们的欢迎和喜爱。

教养·小贴士

> 很多孩子之所以会出现"霸王"行为，大多是因为父母的教育方式不当。有些父母对孩子的好行为视而不见，觉得孩子就应该这样做，而一旦孩子出现不好的行为，父母就很在意。对孩子来说，他渴望得到父母的关注，而表现好就意味着被忽视，表现不好就意味着被重视，所以孩子便会故意通过这种方式来吸引父母的注意力。因此，你要给予孩子足够的关注，多肯定孩子好的行为，让孩子有安全感，使其建立正常而和谐的社交友谊。

让孩子感受"一起"的力量

问题大本营

我的女儿上小学一年级,她不懂得与人合作,每次老师布置需要多人合作才能完成的作业时,她所在的那个小组都要发生争吵。就拿上周的"手抄报作业"来说吧。上周五,老师让每个小组以"母亲节"为主题写一份手抄报。在实际操作中,女儿不是嫌弃别人字写得难看,就是嫌弃别人图画得不好,结果还没开始操作,孩子们就不欢而散了。孩子不懂得与人合作,不只在生活和学习中会遇到困难,以后步入社会也肯定会吃亏的。我要怎么教育孩子呢?

现代社会是一个需要合作的社会,一个人只有学会与人合作,才能取得更大的成功。因此,你要让孩子感受到团队的力量,让孩子懂得与人合作,并善于与人合作。

➡ **技能训练课**

你要对孩子进行合作教育，让孩子感受到"一起"的力量，使其在社交活动中表现得更出色。

第一课：团队意识教育

一个人的力量是有限的，你应让孩子认识到团队的作用，让孩子自发地产生与人合作的意识。

在日常生活中，你可以与孩子共同完成一些事情，让孩子在亲身实践中体验到"团结力量大"。例如，在家庭大扫除时，你可以与孩子商定每个人的任务，如果他不参与其中，自己就要再多花时间和精力打扫。孩子在这些过程中体验到了合作的乐趣，知道了合作的好处，也就更乐于与人合作了。

第二课：组织合作活动

在活动中培养孩子的合作能力会取得良好的效果。你可以多组织一些需要合作的活动，如接力跑、两人三足、传话游戏、我来比画你来猜等，将参与的孩子分成几个小组进行比赛，并让孩子分别总结队伍获胜和失败的原因。这些需要多人合作的活动不仅富有乐趣，还有助于孩子在参与中学会与人合作。

现在很多学校、幼儿园都会组织各种各样的集体活动，如运动会、班级卫生评比、节日表演等，你应该鼓励孩子多参加这些活动。这样既可以丰富孩子的课余生活，又可以发展孩子的社交技能，让孩子享受与他人合作的乐趣。

第三课：发现他人的优点

很多孩子不想与人合作，无法与人顺利合作，主要是因为没有发现他人的优点，而只盯着他人的不足。这是很多孩子都会出现的共性问题。因此，你要让孩子学会接受身边的人，发现他人的优点。这样，孩子就会心甘情愿地接纳他人的意见，不再我行我素。

你可以让孩子每天完成一个"小挑战"，即发现朋友的一个优点，并将其记录下来。这个挑战虽然不难，但是孩子需要认真地观察与思考，慢慢地，孩子就会发现朋友身上越来越多的优点，也就更倾向于与朋友合作了。

➡ 成果验收站

现在，请你开始与孩子合作，做一些小游戏吧！别忘了在游戏的过程中多多夸奖孩子，提及合作的好处。相信经过你的教导，孩子会更加受小朋友们的欢迎。

教养小贴士

你要让孩子知道，合作要求尊重对方，在与人相处时应该顾及他人的想法，但并不是无条件顺从。只有互相信任、互相尊重，才能真正达到合作共赢的目的。

得到很快乐，分享更快乐

问题大本营

我的女儿已经5岁了，她是家里的"小公主"，全家人都十分宠她。女儿很乖，但是有一件事让我们很头疼，那就是女儿不喜欢分享。每次我们让她把玩具分享给来家里的小弟弟小妹妹，她总是很抵触，有时候甚至会一直抱着自己的玩具，就为了不给别人玩。不只是玩具，连图书、铅笔孩子也不愿意分享。一旦客人对她的物品感兴趣，她就十分警惕，使得我们很尴尬。我该如何教导女儿学会分享呢？

学会分享是孩子从小就应学习的一种美德，也是社交活动中重要的能力之一。很多孩子在家里都是集万千宠爱于一身的小王子、小公主，他们很少与家人分享自己的物品，这也使得孩子没有分享的意识，不懂得分享的意义。于是在与人交往时，孩子便习惯了以自我为中心，不懂得与人分享。一个乐于分享的人会交到更多的朋友,更容易受到朋友的欢迎;而一个不懂分享的人很可能会变得自私,无法交到朋友。

➡ 技能训练课

很多孩子不愿意与他人分享,是因为他们不理解分享的真正意义,误认为分享就代表失去,与别人分享就相当于把自己的物品送给别人。因此,你要帮助孩子正确认识分享,并让孩子乐于分享。

第一课:创造分享机会

现在很多孩子在放学后都很少跟同龄的小朋友在一起,而在家里,吃的、用的、玩的,都是孩子一个人的,没有人跟他争抢,孩子也不必去分享,这就使得他们没有分享的意识。因此,你要为孩子创造分享的机会,如邀请亲戚朋友家的小孩来家里做客,让孩子拿出自己的图书、玩具跟他们玩;或者带着孩子去朋友家,让孩子玩其他小朋友的玩具等。让孩子与其他小朋友多相处,慢慢地,孩子就会体验到分享的乐趣了。

第二课:表扬分享行为

孩子正在吃西瓜时,他挖了一勺递给你,你对他说:"你自己吃吧,妈妈不吃。"或者孩子吃到了好吃的零食,他递给你尝一尝,结果你说:"妈妈吃过了,你留着自己吃吧!"请你想一想,你有没有这样拒绝过孩子的分享行为呢?

当孩子想要与你分享时,请你接受他的好意,并对孩子说:

"谢谢你的分享，我感到很幸福。"即使孩子此时并不知道分享是什么，但他也会产生一种"分享是好的"的想法。

因此，一旦孩子表现出分享行为时，请你不吝言辞，多使用"分享""快乐""幸福""慷慨大方"等词语夸赞孩子。这样，当你对孩子说"你把玩具跟小朋友们分享一下吧"，他会知道这样做是对的，是值得表扬的，于是孩子便会自然而然地学会分享。

第三课：交换物品

交换物品是让孩子学会分享的有效方式之一。你可以让孩子邀请几个同学来家里玩，每个人都要拿一件物品，可以是玩具、图书，也可以是糖果，让孩子交换，这样，孩子就可以玩到很多新奇有趣的玩具，可以一起看有意思的图书，也可以一起吃好吃的糖果。孩子在交换与分享活动中感受到了快乐，他自然就更乐于分享了。

当然，分享不仅限于物质，也包括思想和情感。当孩子高兴时，你可以对孩子说："你可以把你的开心事分享一下吗？这样你就会得到两倍的快乐。"当孩子悲伤难过时，你可以对孩子说："你可以分享一下你的伤心事吗？这样你的难过就会少一半。"让孩子分享自己的情感并学会分享他人的心情时，他就会成为自己社交圈中的知心朋友。

➡ **成果验收站**

现在，请你为孩子创设一些情景，让他进行"实战演练"吧！

常见的情景:

◎妈妈:"苗苗很喜欢你新买的巴斯光年玩具,她想要玩一会儿,你会怎么做呢?"

◎妈妈:"如果家里只有2个苹果,但是来家里做客的4个小朋友都想吃,那你要怎么办呢?"

教养·小贴士

与人分享是一件很美好的事情,我们都希望孩子在分享的过程中产生喜悦、快乐之情,希望孩子可以享受分享的乐趣。但你要注意,不要为了让孩子学会分享强制孩子去分享,让他在你的压力下不得已去分享自己的物品。请你尊重孩子的意愿,让孩子知道是否要分享由他自己来决定。请你多给孩子一些成长的时间和空间,让孩子慢慢学会分享,并乐于分享。

信守承诺，但不轻易许诺

问题大本营

我的儿子现在上小学二年级，最近他很苦恼，他说同学们都不愿意跟他一起玩了，还说他总是说话不算数。儿子给我列举了几件事：他跟同学借书拖延了几天；他答应周末跟同学们一起去野餐，并要准备几包零食，但是他什么都没有准备，集合的时候还迟到了；他跟同学约定一起做作业，结果他把这件事情忘记了。儿子一边说一边向我抱怨，说这些不过都是小事，不知道同学们为什么要这么斤斤计较。我告诉儿子做人要信守承诺，如果做不到就不要轻易许诺，但是儿子似乎一点也不在乎。我要怎么教导他呢？

诚信是立身之本，能够信守承诺的人会获得他人的信任与认可，在社交活动中也会备受欢迎；而总是失信的人，不仅无法获得他人的好感，而且会将自己置于孤独的处境中，很难交到好朋友，今后也无法在社会上立足。你要让孩子知道，信守承诺不仅是一种美德，还是一种珍贵的社交技能，只有信守承诺，才能取得他人的信任，给人留下可靠的印象。

➡ 技能训练课

有些孩子对自己的能力没有准确的认知，也缺乏信守承诺的意识，于是当别人有求于他时，他便随口应允，结果却发现自己根本做不到，给人留下不守信的印象。因此，你不仅应该教育孩子要信守承诺，还要告诉孩子不要轻易许诺。

第一课：三思后再许诺

很多孩子在做事前都会夸下海口，以此炫耀自己的能力，但是结果往往事与愿违，大多灰溜溜地收场。正是孩子这样的做事风格给人留下了不守承诺、说话不算数的印象，因此，你应该告诉孩子在承诺前要三思，自己能做到才可以承诺，做不到就不要承诺。

有时候，孩子为了不丢面子，为了不被其他小朋友瞧不起，会承诺自己做不到的事情，比如像蜘蛛侠一样从高处往下跳，跟小朋友们一起去游泳场，结果呛了水。你要让孩子知道，每个人都有能做到和做不到的事情，不要因为自己做不了某些事就担心被人瞧不起，有时候，承认自己的不足往往更需要勇气。

第二课：签署"承诺条约"

大多数孩子都认为一两次失信没什么关系，觉得这只是生活中的小事而已。正是孩子的这种满不在乎的态度，使他没有要信守承诺的意识。对此，你不妨与孩子订立契约，让孩子的承诺具有仪式感，也可以培养孩子的契约精神，避免孩子耍赖。

当孩子向你承诺了某件事后，你可以要求孩子签署"承诺条约"，条约中最好详细地列出时间、事件，以及一旦无法完成，孩子要接受的惩罚等，将这些白纸黑字地写下来。面对这些实质上的证据，孩子就无法抵赖了，他自然会努力遵守自己的诺言，达成目的。久而久之，当孩子向朋友承诺某件事时，他心中就会自然地产生一个条约，促使他努力达成承诺。

第三课：做不到要认错

当孩子发现信守承诺后，自己无法做到某事，他的第一反应往往是逃避，而不是承担责任，这种反应是不正确的。你要告诉孩子，做出了承诺就要努力达成，如果无法达成承诺就要勇敢地认错，并与他人重新建立互信关系。

要让孩子做到这一点并不容易。你可以与孩子预设场景，将孩子无法信守承诺后出现的两种行为表演出来，你作为另一方，要对孩子说出自己的感受。如当孩子逃避时，你可以说："为什么你不告诉我一声呢？我并没有想要责怪你，但是现在我真的生气了！"而当孩子主动认错时，你可以对孩子说："没关系，这本来就不容易，我知道你已经尽力了，我们还是好朋友。"

另外，你也可以通过童话故事或者名人事例来教导孩子，让孩子知道信守承诺的重要性。

➡ 成果验收站

现在,请你为孩子创设一些情景,检验孩子的学习成果吧!

常见的情景:

妈妈:"你答应乐乐跟他一起做数学作业,结果你出去玩了很长时间,把这件事忘记了,你会怎么处理这件事呢?"

教养·小贴士

孩子是你的一面镜子,孩子的很多行为都是父母行为的映射。请你想一想:你有没有失信于孩子,失信于他人?比如,你承诺要带孩子去游乐场,结果因为天气不好或者家里来了客人等,就对孩子毁约;你答应别人一定做成某事,结果却"雷声大雨点小",使事情不了了之。要知道,你的行为孩子都会看在眼里,记在心中,所以请你认真对待自己许下的承诺,说到做到,为孩子树立一个好榜样。

第七章

珍爱生命，让孩子学会自我保护的安全技能

你的孩子有安全意识吗？玩游戏、碰到陌生人、在公共场所走丢、遭遇突发事件……在遇到这些情况时，他知道应该如何保护自己吗？近年来，孩子因缺乏安全意识而受伤的消息频频爆出。一条条触目惊心的新闻为我们敲响了警钟：提高孩子的安全技能水平刻不容缓。因此，大家赶快行动起来吧，让孩子学会自我保护的安全技能。这样，他才能远离意外与伤害。

家居安全：设立安全区，不做危险事

问题大本营

我的儿子4岁了，像大多数小男孩一样活泼好动：在家里，他总是闲不住，一会儿要扒扒电视，一会儿要爬上桌子，我们稍微不注意，他手里就可能多了一把剪刀。虽然每次我都告诉他这样做很危险，但是他依旧不为所动，即使我强制他停止玩危险的物品、做危险的活动，也只是治标不治本，没过多久，他又会旧事重演。我真担心，万一什么时候我没注意，儿子就受伤了。我该怎样让他建立安全意识呢？

孩子缺乏安全意识，在家里乱跑乱玩，总是去危险的地方，玩弄危险物品，这些都存在极大的安全隐患，孩子很容易在不经意间受到严重的伤害，甚至会危及生命。你要增强孩子的安全意识，让孩子学会自我保护，这样，他才会主动远离危险，杜绝意外事故的发生。请你不要让孩子的好奇危及他的生命，不要让孩子因为活泼好动而受到伤害。

➡ **技能训练课**

很多孩子不听你的劝告，玩危险的物品、去危险的地方，这是因为孩子不清楚这样做可能引起的严重后果。俗话说："耳听为虚，眼见为实。"你的劝告在孩子看来就是无用的唠叨，所以他很少往心里去。因此，要让孩子懂得自我保护，你首先要让孩子对安全问题予以重视。在培养孩子的家居安全技能方面，你可以从以下几个方面来实施。

第一课：视频教育

对年龄较小的孩子来说，直观形象的视频比你的千言万语还管用。你可以利用网络上的视频对孩子进行安全教育，让孩子知道乱跑乱玩真的会受伤，会有危险。

视频的内容要贴近孩子的生活，让孩子容易产生同感，从而避免孩子再做出类似的危险行为。如一个小孩爬到阳台的栏杆上，结果摔了下去；孩子在屋子里燃放烟花，结果引起了火灾；孩子趁妈妈不注意，吃了妈妈的药，结果中毒住院等。

在观看了这些视频后，你要让孩子分析原因，并引导孩子说一说哪些事情是很危险的、是不能做的。

第二课：划分"安全区"

在家里，孩子需要有自己玩耍的空间，这样他就不会随便乱跑了。你可以将客厅的某处划分为孩子的安全区，并将孩子的玩具、课外书等都放置到安全区，孩子可以在安全区玩玩具、看书。

另外，你要告诉孩子哪里是危险区、哪些是危险物品，并让孩子远离。

常见的危险区有厨房、窗台、阳台、衣柜旁、门后面、电视线旁、插座处等。

常见的危险物品有燃气灶、各类刀具（剪刀、水果刀、削皮刀）、缝衣针、钉子、打火机、热水壶、保温杯、药等。

如果你的孩子年龄较小，还无法分清各种物品，则你需要将洗衣液、洗涤剂、食品干燥剂、化妆品等放置在孩子无法够到的地方，以免孩子误食，发生危险。

第三课：粘贴危险标识

在孩子知道了哪些地方不能去、哪些物品不能玩后，你就可以与孩子一起粘贴危险标识了。为了让孩子更好地遵守约定，你可以与孩子一起制作危险标识，如在空白卡片上画上交通信号灯中的红灯，并将卡片粘贴到特定的地方。刚开始，孩子可能会犯错，你可以与孩子约定一个暗号，如当孩子要踏进"红灯区"或者要拿"红灯区"的物品时，你就要说："红灯亮了！"这样，孩子就会停止自己的行为。

为了加深孩子的记忆，你可以与孩子一起动手制作一张危险物品示意图，并将这张示意图挂到客厅中显眼的地方，让孩子每天都能看得到。

➡ 成果验收站

现在,请你先告诉孩子哪里是危险区域、哪些是危险物品。然后,你们一起动手制作一个独一无二的危险标识吧!相信用不了多久,孩子的自我保护技能就会有大幅度的提升。

教养小贴士

"乖,这个药不苦,你尝尝,跟糖一样甜。"当孩子生病需要吃药时,你有没有这样骗过孩子呢?请你一定不要对孩子这样说,以免孩子把药误认为糖,在你不注意的时候,孩子就会偷吃"糖"。如果有可能,请你将危险物品尽量都放置到孩子够不到的地方,从源头上避免孩子受伤。

游戏安全：遵守游戏规则，不玩危险游戏

问题大本营

我的儿子6岁了，他每天都像个小猴子一样跑上跑下，爱玩爱闹，为此没少受伤，但是他一点也不长记性，总是"好了伤疤忘了疼"，每天还是大大咧咧的。有时候，我看他模仿电视剧里的武打场面，用树枝代替剑，跟小朋友"打斗"着，我真是替他捏了一把冷汗。我总是告诉他不要玩这些危险的游戏，可是他一点都不听，有时候还因为怕我说背着我偷偷地玩。我要怎样告诉儿子注意游戏安全呢？

大多数孩子在选择要玩的游戏时都仅凭自己的喜好，觉得好玩就玩，觉得不好玩就不玩，很少考虑这个游戏是否危险，是否会让自己受伤。而且，孩子在玩游戏时会十分投入，在他看来，玩得有趣才是王道，于是"负伤挂彩"就成了大多数孩子的家常便饭。要让孩子在游戏中懂得自我保护，远离危险，你就需要对孩子进

行游戏安全教育，让孩子掌握游戏安全技能，更好地体验玩游戏的乐趣。

➡ 技能训练课

孩子没有安全意识，在游戏中不懂得保护自己，这让众多父母都担心不已，父母总是担心孩子不知道什么时候就会受伤。而培养孩子的游戏安全技能无疑是让孩子远离危险游戏最有效的手段。你可以对孩子进行以下教育。

第一课：遵守游戏规则

每个孩子都喜欢玩游戏，但不是每个孩子都能遵守游戏规则，很多时候，孩子在玩游戏时经常想一出是一出，由着自己的性子来，这样，他很可能将自己置于危险之中。因此，你要让孩子懂得遵守游戏规则，让孩子不再任意妄为。

对年龄小的孩子来说，他不遵守游戏规则可能是因为他不理解游戏规则，你可以跟孩子一起玩游戏，为孩子做示范。当孩子表现得好时，你要夸奖孩子，强化孩子正确的行为；当孩子违反了游戏规则时，你要及时纠正。

对年龄较大的孩子来说，有些游戏比较复杂，孩子觉得自己很难获胜，于是他便会试图通过其他方式取得胜利，从而违反游戏规则。面对这种情况，你要选择符合孩子年龄特点的游戏，尽量不让孩子在游戏中产生挫败感。如果孩子因为害怕失败而故意破坏规则,则你可以立即终止游戏,并对孩子进行教育,让孩子认识到遵守规则的重要性。

第二课:做好运动防护

孩子爱玩爱动,也很容易在运动中受伤,因此,教孩子做好运动防护是十分重要的。当孩子要做某些有危险的游戏或运动时,应该让孩子注意安全。

例如,当孩子要滑轮滑时,你应让孩子戴好护具,保护头、手、手肘、膝盖等容易受伤的部位;当孩子要划船时,你应让孩子穿上救生衣等。

当然,在孩子参与运动之前,热身运动是必不可少的,你要让孩子养成运动前先热身的习惯,以免孩子在运动中出现抽筋、崴脚等状况。

第三课:不去危险场所,不玩危险游戏

对孩子来说,随处都是游乐场,追逐打闹也是好玩的游戏。很多孩子在做游戏时都会沉溺其中,而忽视了游戏场所与游戏本身的安全性,这就会导致孩子很容易在游戏中受伤。因此,你应告诉孩子哪些地方是危险的游戏场所、哪些游戏是危险游戏,让孩子学会自发地远离这些危险。

常见的危险游戏场所有楼梯、走廊、教室、电梯里、马路上、停车场等。

常见的危险游戏有暴力游戏,如玩具枪、弓箭;打斗游戏,如双人对打、多人对打、拳击游戏等；模仿游戏，如从高处往下跳、喷火等。

➡ 成果验收站

现在，请你让孩子完成以下题目吧，看看他的游戏安全意识有没有增强。

（1）小朋友们叫你一起去停车场玩捉迷藏，你会怎么做？

（2）你跟爸爸妈妈进行跑步比赛，爸爸一直跑在你的前面，你想超过爸爸时，会怎样做呢？

教养·小贴士

孩子的模仿能力是很强的，但是生活经验不足，他很可能会模仿电视节目中的危险动作，如比武、喷火、胸口碎大石等，而并不觉得这些行为是危险的。因此，你要加强孩子的游戏安全意识教育，不让孩子玩危险的游戏。在平时的生活中，你应该为孩子选择健康的书籍和影视剧，以免孩子受到不良影响。

陌生人防范：不轻信陌生人

> **问题大本营**
>
> 我的儿子5岁了，一点都不认生，亲戚朋友都夸他胆子大，是个勇敢的小伙子。可是儿子的这种行为方式让我很担忧，他对人一点儿戒心都没有，即使是刚认识的陌生人，他也会与人滔滔不绝地聊起来。我跟儿子说过很多次，不要随便跟陌生人聊天，陌生人有可能是坏人，会给他带来危险，他当时点头答应，但是一接触到陌生人时，他就把这些都抛到脑后了。我要怎样教孩子注意防范陌生人呢？

孩子的世界充满童真，他们没有对陌生人设防的意识，这一点很容易被陌生人利用，给孩子带来危险。例如，有些陌生人会通过跟孩子聊天获取家庭的信息；有些陌生人会给孩子有问题的糖果或饮料；有些陌生人会求助孩子，然后把孩子带到偏僻的地方。孩子不懂得防范陌生人，最后很可能使自己陷入危险之中。因此，你应增强孩子对陌生人的防范意识,让孩子不要轻信陌生人。

➡ 技能训练课

在教导孩子防范陌生人时,你不应仅泛泛地告诉孩子不要跟陌生人说话、不要跟陌生人走、不要相信陌生人等,这样的教导孩子很难记在心里。你应让孩子知道陌生人的常用把戏。这样当他遇到陌生人时,他才会绷紧防范陌生人这根弦,不会把你的教导抛到九霄云外。你可以对孩子进行以下技能训练。

第一课:陌生人的陷阱

你要将陌生人哄骗孩子的常用借口告诉孩子,让孩子有所防范,以免孩子掉入陌生人的陷阱。常见的陷阱有以下几种。

(1)物质陷阱

"小朋友,你跟我走我就给你钱。"

"小朋友,你想不想吃糖果呀?跟叔叔走,叔叔就给你买。"

"小朋友,你想要什么礼物呀?跟叔叔一起去挑吧!"

(2)娱乐陷阱

"小朋友,阿姨家里有很多好玩的玩具,你想不想玩啊?"

"你想去游乐场玩吗?阿姨可以带你去。"

"阿姨家里有个跟你一样大的小哥哥,你愿意跟他一起玩游戏吗?"

（3）求助陷阱

"小朋友，你能带叔叔去人民公园吗？叔叔不知道怎么走。"

"小朋友，叔叔的狗丢了，你能帮叔叔一起找一找吗？"

（4）朋友陷阱

"小朋友，我是你妈妈的朋友，你妈妈让我来找你的，跟我走吧！"

"小朋友，我是你爸爸的同事，你爸爸在家里等着我们呢，我们赶快回去吧！"

陌生人通常会利用以上借口跟孩子搭讪，试图让孩子跟自己走，而对陌生人毫无防范意识的孩子很可能会上当，使自己处于危险之中。因此，你要让孩子牢记陌生人的借口，让孩子可以识别陌生人的陷阱，拒绝陌生人的诱惑。

第二课：防范陌生人

你要告诉孩子："不论陌生人对你说什么，你都不要相信，一定要拒绝陌生人，坚定地告诉他'我不要！''我不吃！''我不去！'"

你还要告诉孩子："如果陌生人一直跟着你，你可以快速跑到人多的地方，并一边跑一边喊'救命，他是坏人，我不认识他！'，寻求身边大人的帮助。如果附近有警察，你也可以求助警察，这样陌生人就不敢再纠缠你了。"

第三课：情景演练

在孩子知道了陌生人的常用把戏以及应该如何应对陌生人后，你就可以与孩子进行情景演练了，让孩子在亲身实践中掌握应对陌生人的安全技能。

例如，爸爸扮演陌生人，妈妈扮演警察或路人，"陌生人"刻意跟孩子搭讪。为了让孩子印象更加深刻，你可以制作一些道具，比如"陌生人"戴个大灰狼的面具，"警察"戴个警察帽等。

如果孩子被"陌生人"成功拐走，爸爸妈妈也不要着急，要慢慢地告诉孩子应该怎样做。要知道，情景演练的目的是让孩子防范潜在的危险，在真正遇到陌生人时可以保护自己。所以，请你不要对孩子发火，以免孩子因为反感而不再参与此类活动。

另外，你可以联系孩子所在幼儿园、小学的老师，让老师也组织类似的活动，增强孩子防范陌生人的意识。

➡ 成果验收站

陌生人总会想出各种各样的理由哄骗小朋友，你要多与孩子进行情景演练，多换几个场景，让孩子可以识破陌生人的把戏。请你将孩子此时面对陌生人的表现记录下来，在进行了多次情景演练后，再将孩子的表现记录下来，比较下孩子的学习成果。

教养小贴士

很多陌生人都会利用孩子的善良，借口让孩子帮他们做一些事，如带路、找东西等，以达到拐骗的目的。你要让孩子记住："大人是不会求助小孩的，如果有大人向小孩求助，那他一定是个坏人。"请你千万不要觉得这种教育方式过于绝对，孩子是单纯而善良的，不要让他因为自己的善良而受伤，更不要让他为你不当的教育方式埋单。

隐私保护：识别危险信号，保护身体隐私

问题大本营

我的女儿5岁了。上个周末，朋友一家人来我家里做客，朋友的女儿今年4岁，比我的女儿小，我就让女儿带着妹妹一起玩，我跟朋友在客厅的沙发上聊天。过了一会儿，她们姐妹两个脱了裤子出来了，说是在比谁的屁股大，这让我们哭笑不得，只好让她们赶快穿上裤子。经过这件事，我意识到十分有必要对孩子进行隐私教育，但是我该怎样教育孩子呢？

很多孩子都没有保护身体隐私的意识，甚至有些孩子都不知道身体的隐私部位指的是哪里，于是，孩子随意露出屁股、在家里不穿衣服、在公共场所随地大小便等现象络绎不绝。这不仅会让你难堪，也会让孩子遭受他人的白眼。在当代社会，对孩子进行隐私教育刻不容缓。孩子懂得保护自己的身体隐私，就使自己的人身安全

多了一重保障。

➡ 技能训练课

教孩子认识隐私部位，保护自己的身体隐私，是当代社会背景下刻不容缓的一件事。请你不要再因为羞于启齿而忽视了孩子的隐私教育，不要因为自己的不好意思给孩子带来难以弥补的伤害，更不要寄期待于"孩子长大了就懂了"，要知道，坏人可不会等你的孩子长大。请你自然地对孩子进行隐私教育，让孩子学会保护自己的身体。父母可以从以下几个方面着手对孩子进行隐私教育。

第一课：认识隐私部位

隐私教育要从认识身体的隐私部位开始。在孩子4岁左右，就需要对孩子进行隐私教育了，让孩子认识自己的隐私部位。

你可以通过图画书、知识卡片、教育视频等对孩子进行隐私教育，让孩子知道游泳时穿泳衣、泳裤的地方就是隐私部位，是不能让别人看也不能让别人碰的，同样，自己也不能看或碰别人的隐私部位。

你也可以让孩子在白纸上分别画出男孩和女孩，并用红色笔圈出男孩和女孩的隐私部位，让孩子慢慢理解男孩和女孩的不同。

当然，给孩子洗澡或是医生检查身体属于例外情况。因此，可以告诉孩子："在爸爸妈妈的陪同下，医生可以查看你的隐私部位。"

在教孩子认识隐私部位时,你要像教孩子认识眼睛、耳朵一样自然。

第二课:识别好坏接触

身体的接触有好的,也有不好的,你要教孩子识别好坏接触,让孩子识别危险信号,保护好自己的身体。

你要告诉孩子:"好的接触大多是温暖、安全的,不会引起不适感,就像妈妈的拥抱;而不好的接触是带有伤害性的,会让你感觉不舒服或者害怕。有人碰你的隐私部位,就是不好的接触。在遇到不好的接触时,你一定要勇敢拒绝,要赶快逃离。"

你有没有因为孩子拒绝朋友的拥抱而责怪孩子"不懂事"?你有没有因为孩子拒绝了亲戚的亲吻而责怪孩子"不听话"?请你不要因为这些事责怪孩子。要知道,孩子的行为是他感觉的直观呈现,孩子感觉不舒服,自然就不想被拥抱、被亲吻。请你尊重孩子的感受,不要强迫孩子做这些事情。这样,他在面对坏人时才会跟着自己的感觉走,勇敢地拒绝坏人。

第三课:勇敢地说"不"

很多孩子在遭受他人的不良对待时大多是哇哇大哭,没有有效的应对措施,身心都会受到伤害,因此,你应告诉孩子要勇敢地对坏人说"不",拒绝坏人的伤害行为。

你要让孩子知道,坏人在做坏事时心里也是很害怕的,甚至比孩子更害怕。你不妨教孩子说这样两句话——"我不认识你,

你不要碰我！"（周围有很多人时）和"我还没满14岁，你想坐牢吗？"（周围没有人，坏人意图侵犯时）

有些坏人会借口玩游戏对孩子进行侵犯，还会让孩子保守秘密，或者威胁孩子如果他把这件事告诉给你，你就不喜欢他了。于是，很多孩子在遭受侵害后就选择不说，甚至有些孩子会遭受多次侵害。为了预防孩子对自己保密，你应该在平时多多告诉孩子："不管发生什么事，爸爸妈妈永远爱你，你有什么事都可以跟爸爸妈妈说，不用给坏人保守秘密。"

➡ 成果验收站

现在，请你与孩子玩"身体红绿灯"的游戏吧，让孩子将红色卡贴贴到不可以触碰的隐私部位处，将绿色卡贴贴到可以触碰的身体部位处。相信经过此次游戏，孩子会更好地保护身体的隐私部位的！

教养·小贴士

不仅女孩需要隐私教育，男孩也一样。男孩被侵犯的事件并不少，所以，请你不要低估了坏人的恶意，更不要高估了男孩自我保护的能力。而且，对孩子进行隐私教育不是一次就够了，而是需要长期坚持的。

交通安全：学习交通标志，遵守交通规则

问题大本营

我的儿子6岁了，但是一点安全意识都没有。他在马路上走总是横冲直撞的，根本不看周围有没有车。有时候，他就在马路旁一边踢足球一边走路，看得我心惊胆战的。我每次教育儿子时，他都会以"我没有闯红灯"来回应我，好像只要不闯红灯就是遵守交通规则。虽然我多次告诉儿子，在马路旁玩很危险，但是他根本就听不进去。我要怎样教育孩子，他才能重视交通安全呢？

对孩子进行交通安全教育是每位你都应该做的工作。在现代社会，儿童发生交通事故的事件越来越多。教孩子认识交通标志、遵守交通规则，可以最大限度地避免孩子受伤害。你对此要予以重视，为孩子树立一个好榜样，不要明知故犯，带着孩子一起闯红灯、跨越隔离护栏或者为了抄近道而不走人行横道等，违反交通规

则。要知道，生命安全大于天。为了少走一段路、节省一些时间而拿自己和孩子的生命当赌注，这是不值得的。

➡ 技能训练课

孩子的安全大于一切。确保孩子安全出行，父母才能安心。而对孩子进行交通安全教育，可以让孩子主动避免一些潜在的危险，孩子的人身安全就多了一重保障。你在对孩子进行交通安全教育时，可以从以下几个方面着手。

第一课：认识交通标志

交通标志不仅包括交通信号灯，孩子除了要认识红绿灯之外，还要认识其他的交通标志，并严格遵守，以免发生意外事故。

常见的交通标志有：交通信号灯（红绿黄灯）、人行横道（斑马线）、指示标志（如机动车道与非机动车道）、警告标志（如注意行人、十字交叉、向左急转弯）、禁令标志（如禁止通行、禁止行人通行）等。

你可以将这些交通标志画到卡片上，让孩子辨认，也可以为孩子编一些简单易记的歌谣，既帮助孩子认识了交通标志，又让孩子知道了交通规则。

当然，在教孩子认识交通标志时，你要考虑到孩子的实际接受能力。如果孩子的年龄较小，记不住太多的内容，则你可以先让孩子记住一些简单的交通标志，然后再逐渐增加内容。

第二课：行走安全

我们经常会见到几个小孩子手拉手走在马路上，或者在马路旁追逐打闹，这些都是不安全的。你要让孩子注意行走安全。

当你跟孩子一起在路边行走时，你可以告诉孩子："行人要走人行道，要靠路边行走。"当你跟孩子准备过马路时，你可以对孩子说："红灯停，绿灯行，等绿灯亮了我们才能过马路，而且过马路时一定要走斑马线。过马路之前还要往左右看一看，等没车了再过。"对孩子进行即时教育，孩子会听得更认真，对内容的接受度也会更高。

请你抓准时机对孩子进行交通安全教育吧。相信在你的教导下，孩子的安全意识一定会增强，他在马路上行走时也会注意安全，并遵守交通规则。

第三课：乘车安全

很多孩子没有乘车安全的意识，大多是因为父母缺乏这方面的意识。你一定要重视孩子的乘车安全，为孩子提供全方位的安全保障，不要存在侥幸心理。

你应该在平时对孩子进行乘车安全教育，让孩子牢记乘车安全知识，如乘坐公交车时要排队候车、先下后上，在公交车内不要大声喧哗、追逐打闹等；乘坐校车时要系好安全带，上下车时不拥挤，不坐超载校车等；乘坐私家车时要坐在儿童专用座椅上，系好安全带，不把手伸出窗外等。

你要为孩子做好榜样，不要说一套做一套，以免孩子有样学样，将交通安全知识抛在脑后。

第四课：交通安全禁忌

在孩子知道了一些基本的交通规则后，你还要告诉孩子交通安全禁忌，让孩子知道哪些事是绝对不能做的，是十分危险的。如在马路旁玩游戏，躲在车子后面，在车上吃东西，翻越隔离护栏等。

你千万不要觉得这些危险的事情是众所周知的，孩子肯定也知道，其实大多数孩子并没有意识到这些行为有何危险。在交通安全方面，请你对孩子多一些唠叨吧！

➡ 成果验收站

现在，请你在日常生活中就对孩子渗透安全知识，相信在你的教导下，你的孩子一定会成为遵守交通规则的好少年！

教养·小贴士

人们常说要防患于未然，在对孩子进行交通安全教育时，你应该让孩子掌握一些应对交通事故的技能，比如，发生交通事故时拨打122报警；受伤时不乱动，以免受到二次伤害；等等。

公共场所安全：走丢不慌张，"制服"来帮忙

问题大本营

我的儿子在逛商场时，总是会被各种各样的玩具吸引，有时候我一不注意，他就掉队了。为此我没少说他，但是他一见到玩具就把我说的话忘得一干二净。考虑到儿子才5岁，我就没有责怪他，只是告诉他以后要跟紧我。

最近，我在电视上看到了几条有关孩子走丢的新闻，这让我很紧张，虽然之前儿子几次"掉队"，我都有惊无险地把他找了回来，但是我还是不敢寄期待于幸运，我觉得有必要对儿子进行一些安全教育了。可是，我应该怎么教育他呢？

超市、商场、公园、游乐场，在这些人流密集的公共场所，孩子很容易走丢。如果你仅仅告诉孩子跟紧自己，而不教给孩子走丢后的应对方法，孩子在走丢后就会感到无所适从，十分恐慌，甚至会严重地影响今后的心理发展。因此，你要教给孩子走丢后的应对

方法，让孩子在走丢后不哭不闹，冷静地寻求帮助，找到自己的爸爸妈妈。

➡ 技能训练课

孩子的好奇心很强，当你带着他去超市或者游乐场等公共场所时，他很少会乖乖地跟在你身后，因此，让孩子知道走丢后应该怎么办，培养孩子的应急能力，这是十分有必要的。你可以通过以下方式教导孩子。

第一课：原地等待

很多孩子一发现找不到自己的爸爸妈妈了，就会到处乱跑，哇哇大哭，其实，孩子这样做就增加了你找到他的难度。因此，对于年龄较小不懂得求助的孩子，你要告诉他："如果你突然发现自己跟爸爸妈妈走散了，你就在原地等着，不要到处乱走。爸爸妈妈一定会回来找你的。"

当孩子走丢时，他会很孤独、很脆弱，此时，如果有人对他说"我带你去找妈妈"，孩子大多会跟着别人走，不管对方是不是陌生人。因此，你应该多次向孩子强调："如果你走丢的时候有人跟你搭讪，说带你去找爸爸妈妈，他一定是骗你的，你千万不要跟他走，一定要待在原地等着我，我会回来找到你的。"

你带孩子出门时，要尽量给孩子穿颜色鲜艳的衣服，以便在人群中容易辨认。

第二课：求助身穿制服的人

在商场、超市、公园等公共场所都有很多工作人员，你在平时应该教孩子识别这些工作人员，如超市的收银员、商场的售货员、公园的站岗执勤人员等。你要让孩子着重认识这些工作人员的制服，告诉孩子这些穿着统一服装的人是值得信任的，在走丢后可以求助这些人。

一般来说，孩子在求助工作人员时，工作人员会把孩子带到服务台，通过广播寻人的方式帮孩子找你。因此，你要将这个过程详细地告诉孩子，让孩子不要慌张，耐心地等待你。

第三课：情景预演

对孩子来说，你说得再多也不如让孩子亲身体验一次，孩子的亲身体验会让他印象更深刻，记忆更牢固。因此，你可以与孩子进行情景预演，培养孩子走丢后的应对技能。

在进行情景预演时，你应注意以下两点：

（1）预演的情景尽量多元化

在商场、超市、停车场、马路上等这些孩子有可能走丢的公共场所，你都可以与孩子进行预演，毕竟孩子的安全是最重要的，如果能做到万无一失，就不要让自己留有遗憾。

（2）增加一些"小插曲"

如果你与孩子在预演时，孩子总是很轻易地就找到了爸爸妈妈，那么在真正走丢时，孩子很可能因为无法忍受长时间的等待而情绪失控，因此，在预演中增加一些"小插曲"是很有必要的。如让孩子多等待一段时间，出现跟孩子搭讪的陌生人，出现冒领孩子的人等。

你在与孩子进行预演时，可以不提前通知孩子，突然加入这些环节，试探下孩子的反应，以便对孩子的安全意识心中有数。

➡ 成果验收站

现在，请你为孩子设计一些情景，检查一下他的学习成果吧！

常见的情景：

◎妈妈："你在游乐场跟妈妈走散了，找不到妈妈了，你要怎么做呢？"

◎妈妈："妈妈带你去超市，结果你在超市跟妈妈走散了。这时，有陌生人说带你去找妈妈，你会怎么办呢？"

教养小贴士

你要注意，教给孩子在公共场所走丢后的应急技能是为了给孩子打个"预防针"，以备不时之需，但是这并不代表你就可以松懈下来。当你跟孩子一起外出时，请你将注意力多放在孩子身上，不要"两耳不闻孩子声，一心只在玩手机"。

突发事件：不逞英雄先自保，求助大人来帮忙

问题大本营

每次看到电视中播报的小学生被伤害的消息，我都十分担心。我甚至不敢想象，如果自己10岁的女儿遇到这些事情，她会怎么做。一天，我跟女儿一起看电视，电视中播放一个高中生救了几名五六岁的落水儿童，并赞扬高中生"见义勇为"的勇敢行为。我看到这里，便问女儿："如果你看到了有人落水，你会怎么办呢？""我也跳下水去救人！"女儿连想都没想，就这样斩钉截铁地告诉我，这让我更加担忧女儿的安全了。我想告诉女儿不能这样做，可我又担心这样会让女儿善良、助人为乐的好品质都失去了。我该怎样教育女儿呢？

孩子的自我保护意识薄弱，在面对突发事件时，他往往不知道应该如何保护自己。在看到他人遇到危险时，有些孩子会不顾自己

的实际能力，主动去救人，结果不仅没有帮上别人，反而让自己陷入危险之中。我们不知道人生什么时候会出现意外，孩子什么时候会遇到一些意料不到的突发事件，提前教孩子一些应对突发事件的技能，就能让孩子远离伤害。

➡ **技能训练课**

人世间的灾害往往突如其来，不给你准备的机会。因此，增强孩子的安全意识，教孩子应对突发事件的方法，是孩子成长过程中不可或缺的重要一课。你可以让孩子掌握以下技能。

第一课：跑

孩子毕竟是孩子，是不能被赋予成人应承担的责任的，他也没有能力去担负起那些责任。因此，你首先要告诉孩子："无论发生什么事，你的安全都是第一位的，你的责任是保护自己的安全。"让孩子将自己的安全放在第一位，就能避免孩子受到不必要的伤害。

请你告诉孩子，在遇到紧急情况，如抢劫、打架时，他可以选择跑掉，而且跑得越远越好；也可以选择躲避，藏起来，但是一定不要出头，不要想着当一个英雄。如果他不幸成为被欺负的一方，那么他可以选择服软认输，也可以选择"交钱保命"，但是事后一定要把这件事情告诉爸爸妈妈。

很多男孩子都很崇尚"路见不平，拔刀相助""有福同享，有难同当"等兄弟义气，请你告诉孩子，这些话都是对成年人说的，他还太小，还无法承受这样做的后果，所以遇到危险的事，想到跑就对了。

第二课：自救训练

让孩子掌握一些突发事件的应对技能，可以让孩子的生命安全多一重保障。例如，你可以教孩子发生火灾时从安全通道逃生；看到有人溺水后要赶快呼救，而不是自己跳下水；被困在电梯里要按电梯警示铃求助；发生地震时要跑到空旷场所；等等。孩子只有将这些安全自救知识熟记于心，在真正面对这些紧急情况时，他才能有条不紊地避险。

另外，让孩子有求助大人的意识也十分重要。其实，很多孩子在面对突发状况时往往会忘记呼救，这会让孩子的处境更加危险。请你多对孩子重复几次，遇到危险就大声喊"救命"吧！

第三课：打报警电话

很多人都会告诉孩子有事情找警察，可是要怎么找到警察呢？学会打报警电话显然是十分必要的。你要让孩子牢记常用的报警电话，如紧急求助要打110，发生火灾要打119，受伤急救要打120等。

你还要告诉孩子打通电话后应该把事件发生的详细地址以及自己所处的位置描述清楚，以便于警务人员施救。

➡ **成果验收站**

现在，请你与孩子通过情景扮演的方式完成以下练习吧！

◎孩子看到有一帮高年级的学生在欺负自己的同班同学。

◎孩子和几个好朋友去公园玩，看到有人落水了。

◎孩子独自在家，发现厨房着火了。

注意：在这些情景中，你可以扮演路人或警察。如果孩子实在不知道应该怎么办，则你也可以扮演孩子，为孩子做正确的示范。

教养·小贴士

我们都不希望发生意外，但意外并不以我们的意志为转移，只有教给孩子应对突发状况的技能，才能做到有备无患。请你不要觉得这是多此一举的。多多训练孩子吧，让他掌握自我保护的能力。

第八章
提高孩子的理财技能,培养小小理财家

现在大多数孩子手里或多或少都有些零花钱。孩子花钱没有节制,看到喜欢的东西就买。这样不仅浪费,还容易让孩子养成挥霍金钱的习惯。因此,你要培养孩子的理财技能,让孩子不仅知道钱从哪里来,如何能赚到钱,还要让孩子学会储蓄,成为小小理财家。

不挥霍，不拜金，培养孩子正确的金钱观

问题大本营

我的儿子7岁了，花钱没有节制，看到喜欢的东西，不管多少钱都非要买。一旦我说不买或太贵了，他就会对我发脾气，有时候在公共场所，他就一屁股坐在地上，不买就不走。虽然在出门之前，我跟儿子约定好这次不买玩具和零食等，但他一看到自己喜欢的东西，就把这些都忘得一干二净。我实在不知道该怎样教育孩子了。

你的孩子是不是也有同样的表现呢？其实，孩子花钱没有节制，看到喜欢的东西就想买，这是因为孩子没有形成正确的金钱观。他不知道钱来之不易，觉得爸爸妈妈那里有很多钱，没有钱跟爸爸妈妈要就行了。孩子没有认识到钱的真正价值，于是便会胡乱花钱。与之相反，有的孩子觉得钱可以买到一切，于是把钱看得很重，斤斤计较，以致给人留下小气、吝啬的印象，这也不利于孩子

身心的健康成长。因此，你要培养孩子正确的金钱观，让孩子不再挥霍浪费金钱，也不再金钱至上。

➡ 技能训练课

有些你认为跟孩子谈钱，孩子会变得世俗，变得金钱至上，这种想法是不正确的。孩子只有正确地认识钱，了解钱的价值，才会理性地看待、使用金钱，不再随意浪费金钱，也不再有金钱至上的想法。因此，你应该对孩子进行金钱教育，让孩子真正认识到金钱的作用。

第一课：钱从哪里来

你有没有问过孩子"钱是从哪里来的"这个问题？事实上，很多孩子都无法准确地回答出这个问题，大多数孩子的答案是"钱在妈妈的钱包里""钱是从ATM机里取出来的""钱是从银行拿来的"。如果你再进一步问孩子，"妈妈的钱是从哪里来的"，孩子往往会哑口无言。

孩子不懂得金钱来之不易，自然就不会想着要珍惜金钱，要节约金钱。因此，你要让孩子知道钱是从哪里来的，让孩子明白爸爸妈妈挣钱不容易，所以不能胡乱花钱。如果有可能，则你可以将孩子带到自己工作的地方，让孩子看看你挣钱的过程，这样，孩子在花钱时就会好好考虑一番。这远比你对孩子说"爸爸妈妈挣钱不容易，要省着花"更有效。

你要注意，让孩子知道钱来之不易，懂得节约用钱，不再随意挥霍金钱，这是很重要的，但这并不代表你可以向孩子哭穷。如果你为了让孩子省着花，总是对孩子说"家里没钱""爸爸妈妈挣钱不容易""自己舍不得买点什么东西"等，则孩子虽然知道你挣钱的艰辛，但是物极必反，他可能会变得异常吝啬，如只买便宜打折的东西、斤斤计较，久而久之，孩子就会变得十分自卑。相信这也是你不愿意看到的。所以，不管出于什么原因、什么目的，请你都不要跟孩子哭穷，不要超前地增加孩子的心理压力。

第二课：钱的用途

"钱可以买好玩的玩具""钱可以买好吃的零食""钱可以买好看的图书""钱可以买漂亮的衣服""有钱就可以去游乐场玩"……一谈起钱的用途，孩子就会罗列出一大堆的好处。在孩子看来，有了钱就无所不能了。这很可能让孩子变得拜金，唯钱是图。

因此，你要让孩子辩证地看待金钱，让孩子知道，有些东西是很珍贵、很宝贵的，是用钱也买不到的。如身体的健康、跟同学的友谊、你的爱与关心、日常生活中的快乐等。让孩子学会正确地看待金钱，合理地使用金钱，你的孩子就已经跨出了金钱管理的第一步。

➡ 成果验收站

现在，请你让孩子回答以下两个问题，检查下孩子的学习成果吧！

◎钱是从天上掉下来的吗？爸爸妈妈的钱要多少有多少吗？

◎钱是万能的吗？钱能买来什么，不能买来什么呢？

教养·小贴士

很多人在教养孩子时都秉持着"再穷也不能穷孩子"的观念，于是就尽量满足孩子各种各样的要求，总是给孩子买新衣服、新鞋子、新玩具等，而自己则不舍得添置一件新物品。其实，"不穷孩子"的本质是指在精神上和心理上富养孩子，而不仅仅是在金钱上满足孩子的需求。

学会选择,分清"想要"与"需要"

问题大本营

我的女儿7岁了,平时很乖巧听话,但是让我头疼的是带她上街。尤其是去逛商场、超市时,只要看到新奇的、好玩的东西,女儿都想要买下来,丝毫不管到底有没有用。如果给她买了就皆大欢喜;如果没有买,她就一直闷闷不乐的,走路也不好好走,让她往东她偏往西,跟我对着干。我告诉女儿有些东西是不需要的,没必要买,可女儿非要说那些她想买的东西就是有需要的。女儿不理解我,还说我太小气。看她这样"据理力争",我真是感到既好气又好笑。我该怎么跟女儿解释清楚呢?

看到一个东西就想要,这几乎是每个孩子都会有的消费冲动,尤其是年龄小的孩子,他抵制诱惑的能力较差,更容易出现冲动消费的行为。有些孩子在冲动买完东西后可能会后悔,觉得自己买了没有用的东西，因而陷入深深的自责中。究其原因，是孩子没有分清"想要"与"需要"的区别，于是在选择上出现了错误。因此，你要教孩子分清"想要"与"需要"，让孩子学会理性购物。

➡ 技能训练课

孩子的想法变化得很快，可能今天想要这个，明天就想要那个，新买的物品在第二天可能就被孩子扔在角落里。孩子做事没常性，在购物时无法做出正确的选择，往往会多花不少"后悔钱"。因此，你要教孩子分清"想要"与"需要"，让孩子少买没用的东西。

第一课："想要"与"需要"

其实，"想要"与"需要"是很难划分清楚的，因为心理与精神层面上的"需要"大多就是"想要"。但对孩子来说，我们不妨从狭义的角度理解"需要"，将其简单地概括为生理方面的需求，如食物、衣服、日用品等，那么"想要"就是能让孩子获得舒适与快乐的事物，如玩具、图书、零食等。

当孩子想要买一件物品时，请你不要急着接受或是拒绝他，先引导他想一想：这件物品是我需要的还是我想要的？关键是要让孩子知道"需要"是应当优先满足的，不买"需要品"对自己的日常生活会有影响，但是不买"想要品"对自己的日常生活几乎没什么影响。

当然，如果你的孩子在学习弹钢琴、绘画或者武术等，那么与之相关的物品需要列入"需要品"中。

第二课："3W"思考法

如果孩子执意要买一件自己十分想要的物品，那么你不妨让孩子尝试使用"3W"思考法，让孩子在仔细斟酌后做出选择。

所谓"3W"，即why（为什么），when（什么时候），what（什么），"3W"思考法可简单概括为以下内容：

◎why：为什么要买？（是"需要"还是"想要"？）

◎when：什么时候买？（一定要现在买吗？现在买会不会后悔？）

◎what：买这件物品能做什么？有什么用处？（没用是不是就白花钱了？）

在采用"3W"思考法时，请你将主动权交给孩子，让孩子自己思考，自己做决定。当然，你可以提出这些问题让孩子回答，但是不要代替孩子回答，以免引起孩子反感，反而弄巧成拙。

如果孩子此时的想法与做法是错误的，则你可以提醒孩子，但不必强烈制止。这一次的错误选择可以成为教育孩子的反面教材，让孩子在下一次做决定时更加谨慎，从而逐渐提高孩子的财商。

第三课：等一等再做决定

如果孩子想要买价格比较昂贵的物品，但这件物品不属于必需品，你就可以采取缓兵之计，让孩子等一等再做决定，避免冲动消费。在这段时间内,你可以多渗透给孩子"可买可不买的东西就不要买"的观念,让孩子学会主动放弃不必买的物品。

➡ 成果验收站

现在,请你与孩子开始进行买卖吧!你来当卖家,让孩子当买家,利用日常生活用品,孩子的玩具、衣服等进行交易,看看孩子是否分清了"想要"与"需要",是否会做出正确的选择。

教养小贴士

当孩子买了不需要的物品时,请你不要严厉地指责他,以免孩子伤心难过。很多成人都有冲动购物的行为,更何况自控能力较差的孩子呢?孩子还小,消费习惯还没有定型,需要慢慢引导、培养。请你对孩子多一分耐心,帮助孩子慢慢养成理性消费的习惯。

理性消费,买"对"的,不买"贵"的

问题大本营

我的儿子已经12岁了,但是他在消费方面很不成熟,总是想买名牌商品,说周围同学穿的都是名牌。我知道这是因为孩子存在攀比心理,不想被同学们瞧不起。上周,儿子突然要买一个名牌耳机,我上网查了下,便宜一点的也得要1000多块钱。我很震惊。我该怎样告诉孩子不要只想买贵的,只想买名牌商品呢?

孩子在购物时一味追求名牌,很可能是攀比心理在作祟,但是这也反映出了孩子没有形成正确的消费观,不懂得理性消费的道理。如果你还是任由孩子买名牌商品,则只会让孩子的攀比心越来越重,一旦你不答应给孩子买某件名牌商品,孩子就很可能会偷钱、借钱买,会产生十分严重的后果。因此,你要防微杜渐,教育孩子买商品时不要一味地追求名牌或买贵的。

➡ 技能训练课

购买商品看似是一件很简单的事情,实际上却很复杂。如何花差不多的钱买到合适的、中意的商品,这对孩子来说算是一大难题了。你要培养孩子的购物技能,让孩子学会理性购物,不花冤枉钱。在购物时,父母要让孩子注意以下三点。

第一课:货比三家

我们在购物时通常会货比三家,然后在自认为性价比比较高的店买下中意的那款商品。这种方法对孩子也适用,你可以将自己的购物经验传授给孩子,让孩子变身"购物达人",识别商品的质量,购买物美价廉的商品。

你要注意,货比三家主要包含两个方面的内容,即质量和价格。虽然大多数人在自己的购买活动中都能注意到这两点,但是在教孩子时,很多父母往往会忽略质量,于是就会出现"孩子买了自认为价格低的好商品,结果你认为质量太差"的结果。

货比三家说起来容易,做起来难。很多孩子在比较价格方面都没有问题,但是在比较质量时就会犯难,这就需要你在日常购物中一点一点地教给孩子,让孩子逐渐学习如何判断商品的质量。

第二课:不追求名牌商品

让孩子不追求名牌商品,并不代表不给孩子买名牌商品。你可以给孩子买名牌商品,但是不要让孩子只认名牌,非名牌不穿,非名牌不用。

你应该告诉孩子:"买商品是为了穿、为了用的,只要某件商品的质量好,价格也公道,它就符合我们的需求,对我们而言,这件商品就是'对'的那一件,是'适合'的那一件。"

当然,孩子执意要买名牌商品时,他是听不进你的话的。那么,你不妨借助富有深意的小故事来教育孩子。如"灰姑娘的水晶鞋":灰姑娘的两个姐姐也都喜欢那双漂亮的水晶鞋,但是因为不合适,她们的脚都受伤了,而只有穿上适合自己的鞋子的灰姑娘没有受伤。这样能让孩子认识到"合适"比"名牌""贵"都重要。

第三课:理性购买打折商品

孩子的想法很单纯,非黑即白,于是,当你告诉他不要买贵的商品时,很多孩子便会倾向于选择廉价商品,最常见的就是打折促销商品。

买打折促销商品确实能省下一些钱,但是你要让孩子知道,很多商品打折促销都是有原因的:有可能是存在质量问题,有可能是快要过期了,还有可能是先抬高价格之后再打折。因此,在购买打折商品时一定要注意,不要因为便宜就草率购买,更不要一次购买太多,以免浪费。

另外,有些孩子看到商品打折促销就想买,不管有用没用,结果很可能选购了一堆没用的商品。因此,你应该让孩子理性购买打折商品。不论购买什么商品,你都要让孩子先问问自己是否需要,从而做到理性消费,按需购买。

➡ 成果验收站

现在,请你挑选几件衣服,让孩子比较一下质量和价格吧!让孩子说一说,如果让他挑一件,他会挑哪件,为什么。

教养小贴士

很多孩子都会跟风,喜欢购买时尚商品。这些商品的实用性能一般较差,往往过一段时间孩子就会把当时的热情抛到九霄云外。因此,对于孩子的这种非理性消费,你要做好把关工作,让孩子冷静下来再做选择,从而避免冲动消费。

准备记账本，让孩子独自管理零花钱

问题大本营

我的女儿8岁了，对钱还是一点规划都没有，看到漂亮的东西、好玩的物品就让我们给她买，买完之后又不珍惜。每次过年她都能收到几百元的红包，可是不到一个月，她就能把这些钱都花光，不是买了零食，就是买了新奇的玩具。等真正需要买一些学习用品时，她又向我们要钱。我跟女儿说花钱要节俭，结果她总是露出可怜巴巴的神情，让我不忍心再说她。女儿花钱没规划，不懂得珍惜金钱，这怎么能行呢？

现在大多数孩子或多或少都有些零花钱，可能是你给的，也可能是过年收到的红包。对孩子来说，这些零花钱就是他可以自由支配的钱，可以想买什么就买什么。由于没有消费计划，因此很多孩子都会把自己的零花钱用在零食、玩具上，甚至会在短时间内快速花完。当真正需要购买某些物品时,孩子就只能再伸手向你要钱。如果你不给,孩子就会觉得他们不爱自己了,于是开始悲伤难受;如果你继续给,则孩子还是不懂得珍惜金钱,还是会乱花钱。因此,让孩子制订消费计划,独自管理自己的零花钱是十分重要的。

➡ 技能训练课

你把支配自己零花钱的权利交给孩子,既可以避免孩子对你形成依赖,又可以让孩子产生珍惜金钱的意识,不再胡乱花钱。在让孩子独自管理零花钱时,你可以让孩子注意以下三点。

第一课:使用记账本

你可以教孩子使用记账本,将收入、支出、结余都记录下来,这样便于孩子发现自己的主要消费用途,从而有意识地减少在某方面的消费支出。例如,当孩子发现自己买玩具的钱占了大多数时,他就可能会想着应该少买一些玩具,把钱留下来买更需要的物品。

为了让孩子的记账本更直观,你可以让孩子将每一笔收入与支出都详细地记录下来,包括日期,收入与支出的金额、明细,上月结余,当天余额等。如下表。

日期	收入金额	收入明细	支出金额	支出明细	上月结余	当天余额

一般来说，孩子的收入主要包括你给的零花钱、节日收到的红包、某些特殊情况下的奖励等，支出主要包括玩具支出、零食支出、学习用品支出等。

当然，表格中的内容可以按照孩子的实际情况进行调整，如"上月结余"这一项，如果孩子的年龄较小，或者你是按周给孩子零花钱，你就可以将"上月结余"改为"上周结余"，这样，更便于孩子查看，也避免孩子因为时间太长而忘记。

第二课：制订消费计划

如果孩子有某些想要买、价格比较高但又不是急需的物品，你就可以让孩子制订自己的消费计划，如在了解这件物品的价格后，开始省钱、存钱，减少不必要的花销，并计算需要多久才能买到这件物品。

孩子在制订了自己的消费计划后，就能避免任性消费。在这个过程中，孩子不仅会懂得要节约用钱，而且培养了自控能力。而且，通过一点一点存钱买到自己真正想要的物品后，孩子会充满成就感与满足感，从而可以逐渐强化孩子的这种行为，让孩子喜欢存钱，不再乱花钱。制订消费计划，有目的地存钱、花钱，这是孩子理财技能提高的标志。

第三课：爱心教育

你要经常与孩子谈钱。当孩子要买某些物品需要自己付钱时，大多数孩子都不会再乱花钱了，即使孩子有过一两次超前消费，在体验到"金钱赤字"之后,他也会长记性,记住这次教训。

但是,对金钱精打细算,孩子很可能会变得功利,这就需要对孩子进行爱心教育。如带孩子参加一些捐赠活动,让孩子知道钱的意义不只是可以买东西,还可以将自己的爱承载在钱上,给别人带去温暖。

➡ 成果验收站

现在,请你帮孩子准备一个小小记账本吧!从今天开始,让孩子逐渐学会有计划地花钱。相信不久之后,孩子的成长与变化会让你大吃一惊的!

教养小贴士

你可以教给孩子一些省钱的小技巧,让孩子的存钱之路更顺畅。比如,让孩子学会爱护自己的物品,不摔打玩具,不撕扯图书,把易坏的物品放到安全的地方等;再如,让孩子与小朋友互相交换闲置物品,这样可以节省一部分的开支,但是乐趣并没有减少;又如,带孩子去参观免费的博物馆、书画展等。你也要做好孩子的榜样,有计划地消费,让孩子在潜移默化中受到影响。

走出家门，体验赚钱的艰辛

问题大本营

我的女儿今年6岁。在3个月前，我开始让孩子做家务赚钱。刚开始，孩子很积极，也很高兴有额外的零花钱去买零食，每天都主动帮我做一些家务，如洗菜、择菜、擦桌子等。但是有一天，我让女儿帮我买一包盐，结果女儿开口就问："多少钱？"我说："1块钱。"女儿觉得太少了，于是跟我说她不赚这个钱了，让我自己去。我很吃惊，为什么女儿会有这种想法呢？

让孩子有偿做家务，确实会让孩子体验到赚钱不容易，从而让他节省花钱。这样做，虽然可以培养孩子的财商，但是会带来另外的问题。如果孩子做每件家务活都是金钱驱使的，他就很难形成分担家务的意识，反而会觉得做家务不是自己的责任，要让自己做就要有报酬。因此，你要尽量避免采用这种教育方式，应该引导孩子寻找其他的赚钱机会，让孩子用自己的劳动与智慧赚钱，这样才能真正地提高孩子的理财技能。

➡ **技能训练课**

孩子自己体验赚钱，才能知道赚钱的不易，知道爸爸妈妈赚钱的辛苦，因此花钱时也就不会再大手大脚。但是让孩子通过干家务活赚钱确实有些不妥。那么，你不妨让孩子走出家门，到家庭之外真正地进行赚钱体验。

第一课：观摩他人

你可以带孩子观摩他人的工作，让孩子知道赚钱的艰辛，比如，让孩子看清洁工打扫卫生、商场促销员拿着话筒宣传、餐厅的服务员不停地忙碌等。孩子在观察的过程中，你要告诉孩子这些人每一天都要连续工作好久，要是不工作就挣不到钱了，所以挣钱是十分不容易的，不要乱花钱，要把钱花在该花的地方。

第二课：赚钱体验

孩子在消费时几乎从来不会想到这些钱是怎么来的，父母挣到这些钱有多么不容易，那么你不妨让孩子亲自体验赚钱的过程，让孩子用劳动与智慧赚钱。

例如，如果你有亲戚或朋友开服装店、餐厅等，你可以让孩子在他们开的店里打工一天，做一些简单的工作，并支付给孩子一定的报酬。当然，让孩子做的工作一定是他可以完成的，比如，年龄小的孩子可以在门口当迎宾，说"欢迎光临""谢谢光临"等。如果孩子的体力有限，则你可以将孩子的打工时间缩短为半天或者两个小时。毕竟让孩子打工的目的不是赚钱，而是让他知道赚钱不容易，不要胡乱花钱，从而培养孩子的财商。

再如，你也可以让孩子将自己看过的图书、不再玩的玩具卖掉。在卖的过程中，孩子可能会经历讨价还价、退步让价的过程，此时他就会体验到赚钱的不容易。

此时，你要趁机教导孩子以后不要再乱花钱。

第三课：将金钱置换成其他奖励

如果你已经实施了做家务赚钱的方式，那么你也不要着急，不妨从现在开始改变奖赏机制，不再把钱当作唯一的奖励，而将孩子想要的某件物品或者孩子近期的愿望等作为奖励。例如，如果孩子很想去游乐场玩，你就可以对孩子说："等你做完了10件家务活，我们就可以去游乐场玩。但是如果你不认真做，完成得不合格，你就要多做一件。"在这样的激励下，孩子的眼光就会放得更长远，而不会紧盯着金钱。

另外，你也可以采取积分制，如孩子每做一件家务活就可以积一分，这样即使孩子暂时想不到需要买什么，他也可以提前积分，当他有想要的东西时，很快就能买到了。

➡ 成果验收站

现在,请你结合家庭的实际情况,让孩子亲自体验赚钱的过程吧!但请注意,如果你让孩子通过做家务活的方式赚钱,你就应尽量避免对孩子说"做这件事能挣多少钱"这样的话,以免强化孩子"做家务活是为了钱"的想法。

教养小贴士

> 家务是每个家庭成员都应尽的责任与义务,孩子的年龄虽然小,但是他也需要承担力所能及的家务劳动,如收拾房间、整理物品等。在家庭收支方面,你可以让孩子参与其中,如要购买居家用品时,每个人都拿出一部分钱共同购买,让孩子有承担家庭事务的责任意识,也要让孩子知道要把钱花在必要的地方。

给孩子开个账户，小小储蓄乐趣多

问题大本营

我的女儿已经7岁了，她很乖巧，学习成绩也很好。每年生日、过年时，她都会收到不少红包。我统计了一下，今年她生日收到的红包金额有500元。当我问女儿她要用这些钱做什么的时候，女儿说她想买一条漂亮的裙子，还想买一把小提琴，也想给爸爸妈妈买衣服。我告诉女儿："这些钱要买这么多东西是远远不够的，不过，我们可以把钱存到银行，等存够了钱就可以买了。"女儿很疑惑地问我："为什么要把钱存到银行？怎么存进去？……"面对女儿这一系列的问题，我竟然不知道该怎么回答。我该如何给孩子介绍这些储蓄知识呢？

现在，很多人都很支持让孩子自己支配零花钱，鼓励孩子将钱存到自己的储蓄罐中。这可以让孩子养成存钱、不乱花钱的好习惯，但是这样无法让孩子真正了解储蓄的意义，无法体验到"钱生钱"的乐趣。因此，你不妨为孩子开设一个银行账户，让孩子将自己的钱存到银行，以帮助孩子养成定期储蓄的好习惯，提高孩子的理财技能。

➡ 技能训练课

对孩子来说，把钱存到储蓄罐与把钱存到银行是完全不同的两个概念，因为存到储蓄罐中的钱是随时可以拿出来花的，而存到银行中的钱更具有一种仪式感和责任感，会让孩子更认真地对待存钱与储蓄。你可以带领孩子学习以下内容。

第一课：了解银行

当你对孩子说把钱存到银行时，孩子大多会很疑惑，问你："为什么要把钱存到银行呢？"要解决孩子的疑惑很简单，你只需问他："为什么你喜欢把钱存到储蓄罐里，而不是放在抽屉里或是沙发上呢？"当孩子说出"这样好找、不容易丢"时，你就可以告诉孩子："把钱存到银行也不容易丢，而且更安全，还有利息，让原来的钱变得更多。"当孩子了解了银行的作用后，他自然就愿意把钱存进银行了。

你要提前告诉孩子，把钱存进银行，在存取时不像存进储蓄罐一样方便，所以要提前做好计划，想好什么时候去存钱，什么时候去取钱。如果只取不存，存款的钱数低于一定额度，银行就会收取小额账户管理费，结果反而会使存款越来越少。

第二课：学习储蓄

把钱存进银行可以选择定期储蓄、活期储蓄、零存整取等。要将这几种存款方式的优劣都告诉孩子，然后让孩子自己选择一种存款方式。

（1）定期储蓄

优点：利息高。

缺点：往往在规定的时间才能取出来。

（2）活期储蓄

优点：可以随时提取，即需要花钱的时候就可以取出来。

缺点：利息很低，"钱生钱"的速度很慢。

（3）零存整取

优点：存款利息比活期高，比定期低。一般超过5元即可以存入，存入时负担较小。

缺点：一般需每月存入一次，很麻烦。

当孩子知道了几种储蓄的优缺点后，你就可以引导孩子根据自己的实际情况做出选择了。请你尊重孩子的意见，不要将你的想法强行灌输给孩子。请你相信，孩子在储蓄的过程中，理财能力会逐步提升的，这才是储蓄的真正目的。

第三课：开设儿童账户

当孩子了解了银行和储蓄的基本知识后，你就可以带着孩子去银行开设一个儿童账户了，并让孩子抱着存钱罐，将第一笔"巨款"存到他的银行卡中。

给孩子开一个银行账户,不仅可以让孩子产生理财的观念,还可以帮助孩子养成定期储蓄的好习惯,增强孩子的责任感。而且,当孩子有了零花钱、收到红包后,他首先想到的不再是"我要去买点什么",而是"我要把钱存进银行卡中",这样就不知不觉地约束了孩子的消费行为,一举多得。

你应注意,孩子的自控能力是比较差的,如果他觉得自己存进银行的钱很少,利息也很少,他就很可能逐渐失去信心。因此,可以带孩子隔一段时间就查看一下银行流水,让孩子明白积少成多的道理。

➡ 成果验收站

现在,请你带着孩子到银行开设一个儿童账户吧!将此时存入的钱数记下来,存一段时间后,再请你带着孩子看看他的账户余额,相信结果会让你们惊喜的。

教养小贴士

孩子的红包、零花钱大多是爸爸妈妈、爷爷奶奶、叔叔阿姨给的,你除了要教孩子理财,还要教孩子感恩。例如,当爷爷过生日时,让孩子拿出一些钱来给爷爷买个小礼物,或者跟你一起出钱买个生日蛋糕等。你要让孩子懂得储蓄,但不自私。

后 记

在教养孩子的过程中，很多人都十分困扰，可谓"心有千千结"，而技能教养法是打开你心结的钥匙，可以帮助你更好地应对孩子出现的各种问题。

几乎所有的孩子在成长的过程中都会出现这样那样的行为问题或被不良情绪困扰，而父母的指责、教育只能暂时起作用，时间一长，孩子又会故技重演，令父母无可奈何。而如果采用技能教养的方式，孩子就会知道遇到这类事情怎样做是对的。

你要注意，让孩子掌握某种技能并不是一蹴而就的，需要你的耐心教导与培养。在教养的过程中，即使孩子又出现了之前的问题，你也不要着急，应给予孩子足够的时间与信任，相信你的孩子会做得更好，你也会成为令孩子骄傲的家长。

请你相信，你的孩子之所以会成为"问题孩子"，不是孩子的问题，而是你的教养方式不当。请你采用正确的教养方式，让你的"问题孩子"变成"没问题孩子"，帮助孩子摘掉身上的负面标签，让孩子快乐地成长。